明清科考墨卷集

第三十六冊

卷一〇六
卷一〇七
卷一〇八

林祖藻 主編

蘭臺出版社

第三十六冊　卷一〇六

彊為善而已矣

江蘇鄧宗師歲試 泰州一名 王九鵬

大賢以為善策滕君因其恐也而作之氣焉夫為善在人不在天也彊而行之勝可持以不恐者此耳從來善建有不拔之基固貴（起筆堂皇）勵精圖治而綏猷在積弱之後尤期發憤為雄蓋經綸開草昧君子所以亨屯也其亡繫苞桑大人所以休否也國家當無如何之會正人主可大有為之機而決策定計寧有以易吾為善之謬說哉吾思偏處而肆憑陵彼方日為不善之舉以恣其狡欲之謀此誠不可與爭辨而在我其道以與之抗（龍文健筆）一式微而善國是必有高世主之為以擇其圖存之術安能長與此終古而不思竭誠以致其（起落有致）

附合起照
行忝國欲以小易大勢欲以弱易強綿長增高人事固不能爭權
於氣數而顯其創制之庸肆其鄙心之靖側身修行強藩亦不能
妙
爭制夫鄰封然則為善豈容已哉吾以為事在溫之而已為善於
上恬下熙之日其道易為善於左支右詘之時其道難正惟難者
易之而長治久安之規畫不可不早定於崇朝體之哉以道德澄
按時勢以立言
兵戈之氣而明作必期其有功以宵旰挽運會之窮而疾欲惟修
照可結
其可欲務使積憂生奮積奮生勉不敢安自菲薄以力圖其可大
者為此所定未定之天心而已矣為善於熏然累洽之餘其勢順
為善於倥偬擾攘之秋其勢逆正惟逆者順之而百年必世之精

神不可不振與於一旦彊之哉慊慊陳治平之策而不甚必造以
苦心艱難貽奕禩之休而遠模必弘以大力務使功崇推志業廣
惟勤不敢稍自暇逸以豫圖其可久者為異日成當成之王道而
總字中有本須有行用文處須留節
已矣彊非有所為而為之也勿以懷安而意沮勿以猶豫而情遷
疾隨
勿以銳進而未龍勿以遠迂而終悔舉成敗利鈍之形與難遂覩
而已矣知脫諸口
而惟是覲然勃然官禮必行以關雎麟趾之意而他非所知彊亦
寔自發拼不同營奏
非苟可為而為之也取諸鑑以反身法乎震以修省體乎乾以行
健本諸恆以化成雖積功累仁之效敢覬非常而惟是勤勤懇懇
立政必舉夫井田學校之全而餘無所望及今而為縱未能如荒

人民出而已矣冲理 州甚悠

作之師春而上止貴封猶爲藩國豈僅海岱雄藩獲免於鰥〻見
圖之甚擇此不爲徒奠偉於彼蒼之悔禍而文昭世守善政開
即令薪屬吳及亦不足爲繩〻纘緒之資吳州之勝在朝廷無如
刑民寧備
修德而昊天有成命不外行仁君其彊爲而可哉

渟蓄醞高大鈞氣汨金石　原評

精博淵醇名論叠出如顔真卿書麻姑山仙壇記筆力直透紙
背臨川去秋寄試草十數首示予皆持滿命中之技猶未臨
未能多載餘俟附登嗣選　稚明

彊為善而已矣

安徽姚學院歲試　無湖縣學二名　宋士選

以為善勉時君而成敗不必計也蓋為善者立國之本天之心未可知而人之事有當盡故孟子終以勉強望滕君也謂夫國勢之安危雖曰天命豈非人事哉人主惟自荒其本圖而但僥倖于難必所以一蹶而不復振耳豈知晏安之習不可懷而計功之心宜（[illegible]）悉屏從古弱國之不至淪亡者恃有此道也今者君無如彼何而臣竊為君計之我焉臨于郊矣勝負之形既其懸絕惟是慎而增（[illegible]）德焉幾其惠我師也則延一綫於搶攘之會者所藉乃可以圖治烽燧警于野矣坐以待亡誰能堪此惟是退而修政本聊以固吾

圖也則籌萬全于杌隉之際者發憤乃可以爲雄故君莫如爲善

而爲善非彊不爲功國大則措擲易定自我殘之自我收之爲善

可無勞號耳若地近彈丸成事須徵國人而舉動偏多掣肘故必

術協推厲具全力以相持而後功業積于危苦也夫古來之克自

振後緒數倍等經即屬國猶能樹立可見制治保邦之略爭理亂

不爭形勢而何必詳細觀舉徒謀不急之憂國安則數布甚優受

之以漸受之以需爲善責可徐圖耳若四郊多壘既倏然不可終

日亦惕然不能須臾緩必黽勉從事莫月起而有功而後精神出

于震撼也夫古來之克自明作者生聚教訓即導國猶可救下二

見扶蘇定傾之道在內憂不在外慎而何必猶豫狐疑友至二三
其德夫然而游說之險詐莫主無容自擾矣滕為卜正之遺封也
昭先君之令德可勿務乎果設誠于內而致行之慶亦為善無漢
報而天之仁愛人君大周信而有徵也然而彼蒼寔未可問矣在
今日止不得預設是心太然而襍霸之小補臣愚不敢妄對矣滕
為文明之世毋忽稽先公之令緒可勿勉乎誠修明其業而崇起
之慶亦為善者必昌而大國之包藏禍心至此猶將自戢也術而
滕薛又來可畢矣在遠臣并不能預料是事靄為也而克濟是懲
福于先靈也將見一整頓間而振封五十方勃興而未有艾疆為

之而不克濟亦不必變其本志也就使計無復之而滕城三里但可鬭而不可去彼齊人築薛適足為賢者驅除難耳夫何恐
書齋直可令騎君按劍壯士寢戈而已矣三字濃汁透背
循為善　宋

彊為善而已矣

江西沈宗師科 徐邦協
歲金谿六名

惟善為可為不可以難自阻也夫善非難為也而文公或責難焉者為之以彊所以策滕者盡是矣今夫盡其在我者聖賢所以立德也而亦即豪傑所以圖功故修德之與圖功本非兩途人惟知功之有難圖而不知德之無難立無怪乎逡巡畏避不克自盡其力于善也如君今日者以人力論孰與彼之强弱之不同也不可彊也以國勢論孰如彼之大小之相懸也不可彊也一蹶則君寧惟是終日憂危彝焉不振舍其在我所當為而僥倖于苟免乎哉無策甚矣獨不回有善之可為乎獨不同為善之可彊乎夫善

（係國亦不外此）（只要他自强）（以勢力挑起勿善）（得此二喝題神方勢）（轉摺情神）

（將以重題方見必當強力）在人心為固有之良善在國勢為當然之道為善在一日有積累（文公迫于時事故下強字刺他）之勞為善在子孫有纘承之易一獨無如事勢梗之將欲前而且卻（病根）也臣以為勢之所在不得不卻智為善而頓可不顧乎當強禦之（寬切滕之勿善措）是志必愈念夫民心之去留非善何以相維繫小惠未必徧也小（徵於更有力）信未必孚也惟宵衣旰食以仁義為漸摩與斯民共相聯屬已耳抑無如力有所屈將欲行而又止也臣以為力之所至雖有所止（民生宗社兩意接切）曾為善而可諉于力乎當侵陵之日迫必痛思夫宗祧之安危乎善何以植丕基紀綱非具文也法度非虛飾也惟省刑薄稅以休荐固苞桑為國家培其根本已耳且為善不可以天資借此智力（又逼授一步）

絶人者其推準不𠭴而要不能優游而自合故必能竭其智而後（字之旋策）可矯其偏彈其力而後可收其效知為善之至苦也亦可漸知為善之樂矣為善[illegible]不以古今殊也肇基王迹者其創建似易而要（照太王者）亦嘗暇逸之是安誠鑒夫天心之可以力挽國命之可以力延知為善者之匪暫也夫乃可知為善者之能久矣故有所慕而為之與有所畏而為之均之為也而為之之心自異君不必有所慕也（支公尚在仁義）惕之以畏而勉焉則不必臣之彊之也君能無彊乎且見為易而為之與見為難而為之均之為也而為之之意自異君不必見為易也明知其難而就焉則亦非臣所能彊也惟君自彊耳誠能彊（須用困勉工夫）

馬即不能如太王之成功要不失為可繼之君子君固無如彼何彼亦無如君之為善何也

筆意曲而愈入警發强字最為醒快　原評

如何是善則係人心安宗社者是如何是為國仁義漸摩者[illegible]休養者是如何是强則不以勢操而御不以力征而止知其[illegible]而不辭知難而不輟者是文[illegible]之[illegible][illegible]如[illegible][illegible]時心力亦盡不可以時藝忽之　益靈

[illegible]

彊為善而已矣

項譜 奕誌

以為善策滕君、道貴有以彊之也、蓋善固足以自強、即可以制人之強者也、舍曰不為、其何以國、滕君其彊之哉、孟子策之若曰、人君撫有一國、所以久長弗替者、善之外無他恃也、惟善足以聯易渙之人心、故弱者可振、惟善足以挽既衰之國勢、故道在自強、不致力于所當務、而徒震乎強大之威、毋乃自挫也、實甚、君何恃以不恐、今者竊為君計、君無勝彼之勢也、則請進一術、曰為善、玉帛犧牲、待強鄰而托庇、則何如為善之足以自庇也、以蕞爾之藁圉、而默運精明於綱紀、維實逼處此、而固吾圉者、初不在強弱之分

（揭為善稜稜露矣）

形春秋冠帶擅東海之稱雄則何如為善之足以自雄也以卜正
之道業力延氣數于章程將有命自天而基勿壞者正無論大小
之殊勢夫善何存即創垂之謂也亦為之而已矣自非疆之不為
分明
功今夫善固難以君為之則不難為之固難以君而疆為之則更
鼎革燮切
不難祖宗之創造歷有年所誰自甘于頹敗者特患志不足以赴
善之機將君心憊而國紐亦弛遂致憑陵而有隍阽之憂君能刷
奮迅之神括全模而莫留其隙不以小就者隘其局自不以中阻
百鍊鋼化為繞指柔
者畫其途也將見井田世祿一皆以仁政渙宏猷而境內之苞桑
筆酣墨飽足而已矣之神
永固即強鄰之窺伺潛消而此外無煩籌畫矣國家之鞏固談何

容易孰是安于袖手者特患力不足以副善之數將君身惰而政
本已搖遂致脣亡而有齒寒之虞君能策堅確之氣統全量而不
避其艱不以苟安者求免其鋒即能以自全者隱樹之敵也將見（警湛）
庠序學校一皆以舊典布淳風而為一國際久大之規即為四境
壯河山之勢而繼是無俟綢繆矣委靡之習足以損國威而以善（親切言之）
制之則勿憂其頻緬我周高山荒度幾經積累而肇卜年卜世之（歆動有神）
宏圖公固周之舊也以今日之勝猶可以為善國苟氣運惟憑力
挽不得以身為未系竟退阻于法祖之未能遐悔之思適以長寇
志而以善維之則勿病其危想周家應天順人亦由振起而建舊

友鄉書塾初集　廿二

邦新命之成功公圖文之胎也以可新之國斷有藉于力行可知國勢一本內強不得以地處偏隅遂坐嘆于救亡之無策是知志氣以震動而不弛彊于為者（收束嚴整）始于艱而不終于艱大可有為惟此可以樹國功業以鬱勃而始發彊于為者人事至而天心亦應日起有功會是何以制強彊為善而已矣君其勉諸

針對滕君立論字字精警　歸愚師

彊字中有無限鼓動意而已矣中有別無僥倖意寓得慷慨淋漓聲情迸露　酉谷師

彊為善　項

彊為善而已矣

雲南孫宗師歲入通海縣學一名　劉　瑛

只对破一恐字

滕有自完之策去其恐之心而可矣盖彊為善非即可以拒齊也而自完之策不過如是此所以為文公勵也徒恐云乎哉嘗思志氣之靡每緣于暇豫而精神之奮恒激于危疑則莫謂倉皇難措之日而計無所出也亦莫謂倉皇難措之日而計多所出也君如

正見只此方法不用左右支吾

彼何哉敵日横矣眈眈焉幾有滅此朝食之患吾日蹙矣岌岌乎遂無寢可安席之期德音不加蚕食既有前車之鑒望古遥集播

振起有神

名通卓犖

還亦祗往事之垂為君策者計將安出哉則亦不出吾為善之一說耳君其彊為之蓋河山社稷不壯於勢而壯于不藉勢之神明

吾寢寐中有不敢自恕者而雷厲風行孱弱皆非所計則告后土
而誓皇天惟視一善以分盈歉抑宗廟生靈不托于安而托于不
苟安之志氣吾心目間有無可解免者而竭精殫慮危忘付若不
聞則修早朝而勤晏罷惟恃一為善以決存亡勉之勉之禦(?)烽燧
（亦覺(?)慨激昂有祖士雅擊楫中流之槩）
以仁心斂兵戎以德意安知天地不為之悔禍而鬼神不為之降
靈昜哉昜昜哉羽檄馳而修文是切班聲動而敷德猶勤當亦敵人
為君回心而戰士為君飲血縱不敢希蕩一於肇基王迹之聚至
（兩行只作一筆寫(?)）
十五王始居十六王始成而修德獲歎或庶幾不類于翦焉傾覆
之薛其寔海濱惟命賜諸侯惟命而遺禍鄰邦故修其在我而斯

世尚有閒田君何不可為岐陽之走馬亦為所當為而列國終無曠土君亦宜守卜正之遺封況天或誘衷而息民保境貽厥子孫（入而圖足而已矣述義始終）是食為善之福孔長也倘人謀雖臧而飲馬陳兵猶來境上亦于為善之心無歉也君果有意乎彊為善而已矣慎毋徒曰吾恐甚如之何則可也

韻流鋒發獨得題神　原評

提起一彊字對破一恐字正有全副精神作用在鮮此發憤自彊縱無地可遷亦有以自守而已矣三字見含此更無他策非無聊寬鮮教人投入死地也洪鈞所引日堂兄語余殊不謂然

此篇得解處正在艸衰日短中作魯陽揮戈勢耳若音節之淋漓激壯則又我於北風起而南斗平矣。芳三

彊為善　劉

彊曾子曾子曰不可　蘭藻集　馮可鑑

彊人所不可、宜大賢之直決之也、夫曾子豈忍忘師、而彊以似聖者事之反不足以尊聖矣所由直決其不可哉且人情之所至願者。不待彊而後可也人情之所不願者未必彊而輒可也。乃其人為不可彊之人而姑以相彊其事為不可彊之事而斷不容彊非彊之者之異其心實彊之者之異其識也而其志於是乎獨決矣欲以事孔子者事有若。彼子夏子張子游豈不以思之甚而不得見者將藉是以稍慰焉又誰謂其不可哉然而曾子固默然也然而三子愈殷然也蓋以追慕之誠在曾子固未嘗或異以事孔子者事有若誠非曾子之所安以事有若者事孔子想亦曾子之所願也夫安見其不可也且以尊崇之意在曾子當推而有加無孔子而有孔子吾黨既權於措置是有若而非有若曾子諒勉為從命也夫豈必其不可也此彊之所由來也雖然思慕焉而欲遇其人者三子之同情也推究焉而確見其人者曾子之特識也夫以三子之心早有以窺曾子之心故彊不容已意中有孔子而目中無孔子則以見有若者見孔子一若面為命而耳為提而咨嗟太息之神有形於晤對間者度亦曾子所共諒也而以曾子之見早有以異三子之見故彊必不能目中無孔子而意中惟孔子則以視有若者視孔子要難彼為唱而此為和而較短絜長之計有定於夙昔間者此尤曾子之深識也斷之曰不可而曾子之討決矣豈不知彊之

之事三子非加厚於有若特以形似而非神似此衷誠爽然也
愈自同堂考業以來一貫之傳穎悟特超於吾黨而欲以唯阿
相與者漫誣洙泗之淵源九原可作當不受此委曲之私耳豈
不知彊之之情三子誠不忘乎孔子特以偶似而非常似此心
尤徵然也念自杏壇受教而後兩楹之夢形聲恍追以神明而
欲以大畧偶同者漫作尼山之模範千載而下當亦笑此追尊
之體耳噫知三子之所以彊可以見事師之誠知曾子之不可
彊愈以見事師之卓師其可倍乎哉

犧牲不成　不祭　王豫嘉

祭有不得致者諸侯之與士交惘已夫禮莫重于祭也諸侯失國而不祭者士無田亦然則位豈可失乎孟子曰功名之事為足動志士之深感者亦惟此此明禮之慕無窮耳是不特覩徒棠五廟之文而莫莽尤有百年之惆乃若流離一失而肸蠁無聞遂使資棧之夫與瑣尾之君同嘆此亦比類而慨然者矣何以謂夫位猶失國者夫國之未失也耕助粢盛豈非志盛而嘗其既失也安得猶是乎吾想諸侯雖辱當不與匹夫放廢墟墓之無依者相等然而黎侯去國何殊式微之吟公子出亡即似北門之窮以今視之竟何如哉惟無國也

注批用請華例敘以察盛典歆服色具亨上文也

則向者乎豆于發大庖是剛而分也嚮人去矣勝宰亡矣苟然不肅

宗無簠簋之聯鵷鷺不損亦少三宮之繅矣儀雖不成國也而粢盛

垂宥天國以仁不祭以致敬亦字

衣服又何以為潔且備矣噫乎登旋並而萬寓淒然誰是敷國几筵

可效蒸嘗之藉賦狐裘而叔伯靡與誰是當年薦脩可伸孝享之誠

入上則龍轉請序新出集

其不祭又何言登文而獨是賜玦辭君此不可謂離黍亡有宗廟

用以勝以刺亦之一字

之沉淪也況轅譏關此不可謂山河非故有俎豆之委棄也然而向

物送

者有田今無田矣有田故得以公賦之入申素悃于先人有田故得

以圭潔以分此薦馨于一旦而蓋無田也今乘忽奪已非欒郤之先

抱禮諸侯矣而以例亦字

猶之荒蕪頓改不復黃炎之舊矣則其不祭也領祿已去將使若敖

之恫于九原猶之妖都已非行使木主之夷于風雨矣嗟乎此雖非社稷之侯與朝廷之士哉（注此二句用特筆）諸侯既以奔遷之故不獲奉列廟以顛饗惟士也亦（方點亦字）以逆里之故不得奉先宗以洞廸諸侯既以奔岐窮耀不能以奉祀憂淪盡志于荒雜野處之年惟士也亦以鮮組懸冠無從（出點結出本文意）之水木本源致孝于畝畝接荒之日且問何故而無田則非失位不反此而失位之恫何如哉

只要點醒則亦二字見得諸侯國宜耳而惟士亦然則士之失位也重矣此是孟子借鑑法即是此文借襯法題面似上截詳下截簡而詳則下截重上截輕兩邊對照賓主歷然

呂晚村

前半全為下截作地，後半筆筆偕上，偕上相形，賓主分明，極得則亦二字中理。後半偕上相形處，隨縮三層，順串二層，而隨縮中一層用反筆，一層用正筆，層次變化。後幅只說失國大意，相形不縮纖悉等項，留下文地也。　吳荊山

作法已盡于前二評，詞既秀贍，華亦穩密。

王

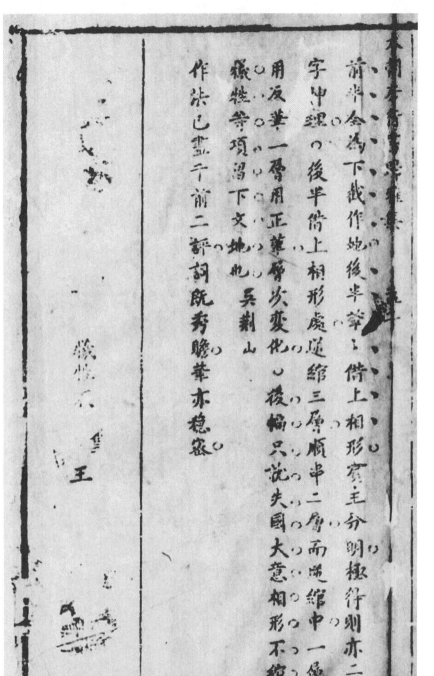

藉也

歲試一等一名　陳炳文

通假藉之義而助可釋矣夫藉民力以助耕者助也釋之曰藉而助之義不更通於假藉乎嘗攷六書之法轉注而外兼以假藉此第言文字然也而稽訓詁以稽田制則不特文字有假藉之書而力田亦有假藉之意雖令長起例與町澮服勞其事各不相謀而其義實有相通者可由徹之為徹而貫指夫助矣助之字從乎且且者語不足而借助之詞顧言之不足而語助有賴於虛辭者亦如地之不治而耕助當求夫民衆也此其意宜會也助之文合乎力力者人所用以相助為理顧力田為男而助我嘆無人者尤必力三為劦而劦予呼將伯也此其形宜象

也而吾獨有取於假藉以釋助也者曷故今夫一物也當其貧富不齊則豪華者既出以相耀簡約者又返而自慙一旦有無相通遂不覺挹之不盡注之不竭而取攜為之甚便也此藉之說也君子曰是於助宜抑一事也當其大小不一則艱鉅者既慮其紛繁細微者又苦其瑣屑一旦分任假人遂不覺不合而行不言而喻而操持為之一簡也此又藉之說也君子曰亦於助宜夫然而以藉釋助義可乘夫形聲矣試思農緯厥表形既象於元辰自古在昔聲又皆於往日藉之字有可解藉之文自可說也以之釋助微特光乎日月韻協江河即比事屬辭亦象成風草耳古義豈尚沈乎而豈徒藉或通籍典籍著於春秋藉又訓承第藉占諸易象夫然而以藉解助義更取於轉注矣

試思借口復獻子既與借而相通假手稱莊公又與藉而互詁藉之意可旁參藉之辭可屢易也以之解助徹特韻疊天顛聲雙考老即連類齊觀亦解同通徹耳殷制其猶在乎而何至帝籍躬耕甸師空存於周禮不藉千畝國語貽誚於宣王噫訓詁日荒蕪殘莫解經籍之語注疏忘原本伊誰稽創制之精吾儒得假藉之義以釋助焉可也

瀹濟　文存集　姚文柟

繼九河而更觀夫濟。有先見其瀹矣。夫水之利用瀹者。不第一濟也。繼九河更觀夫濟。不且先見其瀹乎。嘗考濟水性本勁疾。惟其勁也。故其性甚剛。剛者而無以柔之。則力愈強。惟其疾也。故其性甚急。急者而無以緩之。則勢愈猛。治水之大人。必治之。後以若斷若續者。溯其源流。以或伏或見者。尋其脈絡。將條之水雖未全治。而水之勁疾者已先治。九河之疏。禹於治河如是。今夫水之入河穴地者。非有所謂濬哉。禹跡而先欲有所瀹矣。水之判夫源流也。苟河之發源於崑崙者。勢已有所平。而濟之伏流於滎波者。機仍有所溢。將濟出於莫何能不逞其澎湃之形求之分夫清濁也苟河流之濁者導積石而已循其道而濟流之清者經泰澤而尚塞其機將濟分於徐何能不肆其奔騰之狀禹固知濟之為患也而烏能不亟淪之乎濟初名沇東過溫縣北實為濟水之所經焉吾思兖州東南之界據濟而跨其地濟不治則兖州東南之患不除惟淪之而據濟者可以安其域則下流之奠定可以見上流之安瀾也而來自孟津至於博昌濟之導其流者遂得抗河而居四瀆之尊濟亦名瀧東出王屋山實為濟水之所發焉吾思冀州貢賦之入浮濟以達其程濟不治則貢賦之道不適惟淪之而浮濟者可以泝其流則銍秸之時來可以驗波濤之永奠也而出於陶邱至於菏澤濟之息其衝者遂已會汶而見四州之定雷夏乃

濟水所鍾濟水治則雷夏亦治此既澤所以有誌也禹惟有以淪之而此既有所容彼亦有所洩濟患息而沮洳去而桑原自此平矣彼風姓之主濟以承祀者非禹之明德所被哉大野乃濟水所絕濟水治則大野亦治此既豬所以有慶也禹惟有以淪之而見者時而伏之三伏者時而見之四濟流分而餘波導而孟豬自此被矣彼齊邦之憑濟以為險者非禹之偉烈所貽哉而所淪者又不止一濟也又有漯焉禹之勞心於北條之水者已然矣

熟於禹貢註疏及水經諸書措詞運筆亦落落大方

淪濟漯

玉茗集　高寶森

夏王勞心於濟漯、所以終治河之績也、夫濟漯不淪、河不得而治也、美哉禹功、於今爲烈矣、且邪說之起、起自異端、治異端者不治其附異端之人、則邪說之害不息、橫流之患、患在大河、治大河者不治其附大河之水、則橫流之勢不平、如禹之淪濟漯是已、今夫濟其性沈而勁、其流剽而悍、其氣質直而寬徐、故汶水貫之焉、索水貫之焉、濮水又貫之焉、負險爭趨、幾等於千百川之浸灌、此濟之所以爲齊也、閱嘗考之禹貢所載、發王屋過陶邱、東西兩源、三伏四見、始則截河而北、既兩相激、以怒其瀾、繼且挾河而南、復兩相爭、以肆其虐、當之者幾廢狂瀾之莫挽矣不知濟當河之曲曲則有所逆而易騰淪之者貴分其潤下之性而奔騰勿能爲禍焉有如貫於河者爲正瀆而勢不至於別趨也出於河者爲旁川而行不至於稍滯也揚其清區其濁而濟有不帖然者乎且夫自沇注河則雷夏以西無不治而冀治自滎至菏則孟豬以北無不治而豫治自汶會泗則濰淄以南無不治而青治一濟治而數州蒙利焉而天池之頂太乙之也又無論也奠桑土者民利丕興宅降邱者民居用乂夫孰非禹之勞心於濟者哉今夫漯其廣計千里其行計千里其勢攢攝而潰淪故或以治得名焉或以土得名焉或以原得名焉浸淫衍溢實承夫千百里之源流此漯之所以爲溼也閱嘗按之職方所掌源長白入清漯懷襄四出自西徂東其始也以漯引

河而水之力既不足以自刷其繼也因河釃漯而地之力又不足以相持當之者幾於潮汐之莫支矣不知漯當河之平平則無所制而易潰瀹之者貴殺其泛出之勢而潰裂弗能為患焉有如因其阻而宣之使導故水盛則為通津也因其怒而洩之使安故水微則為涓滴也順其情乘其便而漯有不晏然者乎且夫治其源而武陽以上無不治而究之西境治治其流則高唐之間無不治而究之南境治治其委則千乘以下無不治而究之東境治一漯治而一州受福焉而灉之會沮沮之承灉更無論也進織文者其賡安瀾畋黑墳者咸寧幹止夫孰非禹之勞心於漯者哉蓋北條之水自此入海矣故曰終治河之績也

瀹濟漯而注諸海　　與舊集　莊世驥

近河之水有所歸而兗患平矣夫濟漯皆近河而為患亦等於河瀹之使同河以入海而兗患悉平矣禹蓋勞哉且兗患惟河為甚而其旁有同河為害其源不始於河而中溢於河者有助河為虐其幹本出自河而不歸於河者夫治河而不治同河為害者則河治而河之旁仍不治治河而不治助河為虐者則治河而河之支亦不治何則同河為害而其源不始於河者濟是也助河為虐而其幹本出自河者漯是也王屋為濟水發源而溢於成皋滙於滎澤為滎為沇幾於伏見無蹤使不為之導其流則奔騰為擊禍及青徐洶洶者且欲撼太行而搖岱嶽貝邱

為漯水正派而東出武陽北過千乘洋洋浩浩幾於汜濫無歸使不為之宣其派則昏墊之憂蔓延冀豫湯湯者且欲泊雷夏而入孟豬或者曰海為百谷王其注之便顧雖欲注之何從注之禹則曰吾試用瀹之之法瀹之言滌也滌則不使有木石之壅亦不使有泥沙之雜而河水清瀹之言疾也疾則湍瀧常有如飛之勢晝夜曾無晷刻之停而河身蜿大河以東數千里地平而多曲以濟漯橫亘其中愈抑則愈潰矣禹以瀹之者使之有所導即以注之者使之有所歸三流並下趨碣石以如歸兩戒中分望博興以是赴千百年來漠然見山高而水長夫孰知河不侵濟濟不侵漯漯不侵河由古聖王櫛風沐雨足胝手胼幾費此瀹而注之之力也哉泰山左右數千里流濁而常塞以

濟漯衝突其間愈防則愈溢矣禹以瀹之者為尾閭之洩即以注之者為大壑之藏位居四瀆同百谷以朝宗流合濟陰歷三州以出峽千百祀後秩然見地平而天成夫孰知濟與漯遷漯與河滙河與海滙以夏后氏泥輴山欙濬川刊木始成此瀹而注之之功也哉顧或者謂漯即溼也後人省文作濕又譌作漯或又謂漯即濟也因濟湍漯無涯故又名漯姑不論存之以俟後之釋水者

●孰於山經水注故能鑿鑿言之古文中蘇長公時藝中陳臥子

譬之宮牆　寡矣

江蘇李宗師歲試　江寧府學五名　孔廣選

即宮牆以示喻、而惜入門者之寡焉、蓋牆以宮別、觀諸宮牆、而賜與夫子較然矣、特無如入門者之寡耳、且持論者必深鑒乎其人之底蘊、有我所未及窺者、而後以較所已及窺者、出一言以定其低昂、則衡鑒之精、如遊其門內而悉之矣、若底蘊未窺、低昂懸斷、曷不借觀以自廣、而顧自列于測不相識之儔也耶、異哉、訝賜賢於夫子、何知夫子者寡、而知賜者亦寡也、亦知賜之賢、皆得之於夫子、而少分其門內之所有乎、賜也久于夫子之門牆、而欲為外人道也、即以門牆譬之、不知者當亦寡矣、夫居之必有宮也、視所

（骨節靈通）（伏下自然）（原評再伏）（傾評雋）（妙）（原評又伏）

主也主之者蘊藏不一其致而為廣為狹宮遂因以改觀官之必有牆也從乎附也附焉者華朴不一其規而為高為卑牆遂因以（疏辨分明）立辨然則觀於宮牆而賜與夫子已較然矣今且以賜為賢則豈宮以牆衛而及肩之反優于數仞數仞反及肩之不若乎哉何不（反撲妙有對針）以尋常室家之左右賜給而反薄宗廟百官之美富為不足尚也耶夫肅肅者禮雍雍者樂濟濟蹌蹌者奔走百執事此即生長逢華月不觀巍煥之觀者亦應心儀其緘藏藏不敢以世俗稱好者相擬而乃以賜為賢吾是以知牆異則宮異以見不見而分宮殊（清辣）則門殊以入不入而辨使得其門而入方月氐細于及切而中扶

宮室之沉沉俯仰如神若爽然而自失而他人之室家雖翬飛鳥革不足當其一盼矣乃夫子非固其爲而在人罕窺其牆則宮中之壯麗所以一民而重威靈者何由瞻仰哉使得其門而入方且流連于數仞之內而眴轉意迷漸興來而情往而出外之室家雖鏤金錯采不足煩其一顧矣乃夫子非嚴其鑰而在人罕叩其閫

蜿轉揩示虛寔兩何

則宮中之飾美所以訓後而示儆戒者亦從彷彿哉得其門者或寡矣徒貿貿焉行於牆外而欣於及肩之所見是終不獲側足于宮中在門牆之外而被麾也謂賜爲賢固甚宜耳

扣下處一波三折筆意玲瓏後比態濃意遠如望靈光巋然

評[illegible]

卷雜[illegible]集

百四五

論語

勁氣直達處之對針叔孫入後一唱三歎題中數虛字神理尤栩栩活現龔欣書

譬之宮牆　數仞

八名　朱紱

即宮外之牆以為喻知有其獨高者矣蓋賜之不敢望夫子未易明言也喻之以宮牆亦知及肩者之非數仞比乎夫人精神之

附得自行落落獨異

所至而分量生焉精神之所獨至而分量異焉此其可息心以參有固不妨瞻觀而喻也夫循分以相求方自慚乎平淺及身接崇隆之境乃一望而已覺神驚吾人崇尚品題奈何不比量微諸

鏤刻

可象之交而兩衡以著夫獨峻之概也子述武叔論賜與夫子之

從正寄提有振衣千仞之勢

言如此夫子之仰而彌高而賜猶是有志未逮者亦安能為武叔

當撤為

遽明其故哉初未嘗以神明以相示而致力在淵裏無論純修難

恩科值[illegible]鄉墨　江西　六六

悟深細

以名言即一得亦祇堪獨喻也知此中之淺深高下分于心性者綦微苟不為音迹象以旁通則修為閑宥容在小就且未易告人

領取篇扈之對十分武吾叔理脉清由

彼精詣更何從形似也知此際之難易崇卑類以參觀而乃得諸試譬之吾試即宮外之墻以譬之堂即造詣之所由分諸伏之所由判而見夫層累以起即吾黨之所以進修階勢各殊亦品堂之無能一致惟及肩之在望致家室之可窺而賜之所以為

説賜所入夫子精神一片

賜有屬矣而夫子之大遠于賜者尤有屬矣且夫學者從事聖人

竹我數語好脉以殿

固日矣一仰止之懷以期上達者也而無如本〻縱以譬其形勢象已獨成即欲凜趨步而峻我防閑分難強企與人之磨已造大

有志者任自為之乃極畢生之精力究遠于峻絕之規者當夫一覽而盡方自愧為積累本無多而同環堵之蕭然從觀早有所不

正面英寫足矣。四結不亂又不離

容睇至人之絕類離群在吾黨爭相效焉乃極攻苦之頻加終遜此獨隆之業者試為約畧以計方共詡為人力不至此而儼百堵之皆作仰瞻直覺其莫能量吾思夫子之牆殆數仞然而豈猶夫室家可窺者之僅能及肩也哉高朗之冷久厚其基于天庥彼徒以數仞重夫子猶之乎輕夫子也然不據外以重夫子而以外之

巍巍高宮牆不見不見語意已浹露行間

襮于內者直夫子卓卓者寧僅加人一等乎夫未為比例以覘或莫判低昂之分似而由賜以進求至詣乃知封其域于洙泗之間

者竟不能以咫尺計也有群仰夫溥義之概而已矣超軼之表早據其勝于自然使弟以數仞尊夫子亦不啻其卑夫子也然不援表以尊夫子而以表之憑乎裡者尊夫子翹翹者何嘗功虧一簣乎未來為等量以衡幾昧于崇卑之過刑不執賜以上擬師承八知樹其型于請業之堂者直不但以倍蓰過也有俯臨一渾穆之神而已矣夫短垣自慚小就者何妨平視而崇墉在望卓立者詎可齊觀要非罕譬而喻彼亦烏知賜與夫子有及肩數仞之分哉

（跌進一層題字總見醒豁）

刻劃精微務與題之腠理恰合而止中間骨節靈通法脈停蓄尤見腕力自是息心靜認得來　湯修來

譬之宮牆　三句

江蘇張宗師歲試　上海縣學一名　沈健行

即宮牆以為喻易見者易為人稱也夫武叔必見賜之賢而稱之喻以宮牆賜之易見者已如此嘗思內之所蘊者不深則外之相窺者易悉天下事亦何在不然哉故即衆人所至之詣昭於當前（斗○轉○着○筍○）自顧不勝傍徨旁窺謬相推許一原其致此之由覺讚讚者殊不媒供人一盼矣何令者以賜為賢乎夫以賜為賢當必實見賜之（蝦須前和上下截）所為賢者而後以一言奬賞矜鑑別之有真甚且必深窺賜之所以（以葉而○勢寬）賢者而後以片語揄揚彰則是之公是一賜作聞之我不解其所見也乃令而知彼固不有所見也天下過情之譽不必盡出于無因

而品量之足安往不可以類觀五官臚而觀焉而知內與外之常相符也外與內之恒相副也則試譬之宮墻乎宮以墻為蔽內焉者必藉外焉以為之捍而中藏乃見其森邃邃與宮為衛外焉者必視內焉者以為之基而外觀始徵其有塈則甚矣夫人品量之宗俱不可窺觀而得也乃賜即宮墻以自翳已先有巍然傀者今夫小民之居不皆爽塏然必有一畝之宮寰墻之室以避燥濕風雨庇其宮既欲隘則其所葺以為牆者往往短垣可踰而無屹峙之象勢所固然亦何足怪而賜也自領所基之狹焉材之細焉若作室家堂構初成垣墉作蓁即有一二彝常日用之需所謂

室家之好亦皆降于琉褻恐人焉常以自匿而已不勉為人所窺見者則以賜之牆惟及肩之故爾自愧殖貨慾原無奇貨之可居而擇焉不精者自守焉不固俯視之下已同倒囊而傾圖一翔睫是語亦止一器之克就而蓄積未多者自蓋藏難謹相對之餘無雖燭照而數計然則賜之宮牆即有稍出於及肩之上者猶不敢望衛而對宇焉矧宗廟百官之美富如夫子敢與之比豈高深哉

不粘不脫妙於語言不多衍首句更得前艮之遺則　朱觀袁

以神運不以法縛而法自隨題相赴其意度從古文來　朱東發

譬之宮墻　數仞

蕭宗師歲取進仙遊縣學第九名　岳起鳳

懸一格以定高卑賢者之審于所譬也蓋有宮必有墻及肩之卑安可擬數仞之高乎賜不敢望夫子其取譬也蓋嘗思學問之階級無窮造詣之低昂有別賢希乎聖半及之猶覺其難望猶之天全計之始窮其極此評品之大凡而未可強為附也而昧昧者漫出一言以為試數幾何不以卑下之見等于崇隆之境也乎如以賜賢仲尼武叔非惟不知仲尼抑亦不知賜非惟不知仲尼之位置與常抑亦不知賜之置身何等然而賜竊自念焉以為從仲尼遊數十年於斯矣泗水切瀰洄之意東山勤仰止之思方且日

以積爲月以累爲欲及其萬一而無從者絶不意彼之過于相訏
也是曷不取宮墻以觀之乎今夫墻不獨賜有也而賜之墻先可
言墻則甚貴于高也而賜之墻則弗高因此識彼不過推測之知
性道文章未融一貫之旨而且事賢友仁僅服先資之利夏瑚商
璉究爲虛羨之稱從無出人之頭地惟覺比立之肩摩而斯墻也
亦將循之而走矣蓋惡無以掩而好無以合也卑哉卑哉大賞誰
罕譬而得哉人苟有自矜之心仍不果尊人而抑己賜獨非人情
乎而正不得不抑也億雖屢中宗遜自然此此際之昭昭共見者初
非徒降一格以自謙人苟存退縮之想恒見抑己以尊人賜寧猶

夫人乎而正不能下尊也德邁乎聖功高百王此詣之巍巍莫尚
者也不當舉君嘗以比絜則請言夫子之墻可乎事非越乎古今
者不可謂之峻夫子之金聲玉振集羣聖之大成涨越古今以独
至乎所以杏壇之木鐸一擊七十二子之徒風而以隨者猶將日
月以望品非卓乎宇宙者不可謂之隆夫子之上律下襲皆一身
之因應非卓宇宙以並峙乎所以関河之纖迹幾遍七十二邦之
君降心以從者曷勝翹首以企蓋數仞也豈及肩而室家為人所
窺見之墻可同日語哉從追念於塗塈維勤之会壓及肩今而舉
目乎焉臣呈起遥望於墻垣峻絶之餘緬數仞今而仰視乎以㳄

切彼武叔固隔墻之輩耳何足與論聖賢之高卑哉

葛太宗師原評

文有醇味

譬之宮牆　數仞　三名　周厚轅

宮以牆限數仞者非及肩比矣夫使宮而無牆則亦何待于窺惟窺見之僅可施于及肩也數仞者所以莫及歟且學人苟善通乎其類則過情之加適以徵淺近之藝畜而憂乎莫尚之致方無由磬諸形容夫亦謂兩相絜而始得其形也（括題警峭）俗士僅賞于所明至德愈擬乎其域一為比類及之夫固已自知其深而相形益著也（神味空靈）異哉叔孫乃謂賜賢于夫子賜則何敢與夫子絜者第念吾自炙幽光與聞道妙（伏案渾脫）竊歎分際之懸殊寔經品評而益定則雖欲出一言以靖夫浮議不必也無已譬之宮牆辭莫如深苟可以不慢所藏

恩科直省鄉墨　江西

則托跡名流誰不樂自居其固陋乃諳之所及偏若有物焉以揭
細○賜○風○六
之知此際高下在心祇遂如其分量所至而無能巧以補掌行無
不與苟可以步降一格則遂古神可亦俱樂俯援夫卑近乃生是
使嬲昇若環其外以封之知此中低昂迴別正足以觀差數之無
例点得女
窮而不嫌倒以相質叔孫之賢賜者何也以窺見室家之好故
圈○處○二○比○東○上○起
也蓋賜之牆僅及肩云爾持論之無憑也彼非必不爽其衡我固
下○句○度○失○許
已先援之鑑故數年者道先生長者初未許所造之何如而一一
對○針○武○叔
言行遂足以傾學士大夫之襟期而傳為令聞者宮之中有賜而
牆以外亦未嘗無賜也浮譽雖隆究何與返躬之實獲乃境迆之

也原非必故處其絕而已若不為其遂故迹室斎居二一奥
共苦瞻仰之靡自而匿采韜光未肯狥什伯庸人之見而資
不入不見下意已在意羅間
以大談者宮之外有牆而牆之外不復有宮也聲華雖寂亦何関
流俗之品題一六子之牆何牆也盖數仞也豈賜之及肩者所敢望
哉學問有積累之基則樂游其藩豈終阻于面牆而無以然而未
擬之姿所為取多而用宏者即欲稍貶丰裁而已無解于拙根之
深固故循牆之訓亦當年之銘佩則然耳而今日又何如也以親
疏詳大方
炙之揣摩測崇高之雅量覺耳目所已畧具規模道德無自私之
理則苟忘其域入豈等于牆外之可窺然而卓絕之行所為層累

而彌上者即欲各騁其結構而終無解于氣局之含宏故羹牆如洪托詩
見亦當年之思像則然耳而當局又奚似也以私衷之忖度窺至（妙）
諸之觀瞻覺神明內已獨存風矩德及肖與數仞相懸若此賜自
頃於蘊未深菁華已露傾動一時之庸耳俗目而遂為有識者之（從上照下收束不露句）
所謝知胃武士六貢閉之不若也登夫子之堂乃滋愧矣

洞玄獵微伊聖賢造詣之高下曲曲繪出而語妙雙關理歸一泉清幽雋永蔚然深秀　湯修來

既肖賢于仲尼景象又肖不敢賢于仲尼意思承上注下本題寫得十分蘊精淵涵幾于精鶩八極心遊萬仞　周次伊

譬之宮牆　馮暠

牆以衛宮可喻人之所造矣（分曉）夫墻固乎宮而即以蔽大宮人之所造亦猶是也竟子貢爲不知聖者譬乎（即中）（宫）（墻）若曰天下賢否之別其最（反喻虛喻一發）無形者乎然有藏其形于内者有著其形于外者就此或内或外亦無一定之形而要以本其中之蘊含以成其外所樹立則昭然（煞下二種）（譬之之狀）示人以可悟焉今之論者至賢賜于夫子賜闢其言而幾無以答之也將欲明賜不賢而不賢之象若何將欲明賜賢而賢之象又（爲譬之作勢）若何將欲明賜不賢而人反稱賢之故若何將欲明賜賢而人反（煞竊見）不稱賢之故又若何此其故正言誠難喻也罕譬或易明耳譬則（煞不見）

焒兩个之墻

必其肖夫子而亦兼肖賜則賜之殊于夫子者可明譬則必其肖
賜而又兼肖夫子則夫子之殊于賜者益見其譬之宮墻乎有宮

二比分疏宮墻合焒下文

而後有墻非宮也則墻爲虛設矣然吾聞古之言宮者或曰閟宮

宗廟　室家

有侐或曰一畝之宮夫非猶是宮也哉何以同其類而殊其名也
則其棟宇而繚以周垣則墻之因宮分見者殆有誠中形外之理

分疏仍用互擊

矣有墻而後成宮非墻也則宮亦無餘矣然吾聞古之言墻者或

數仞　及肩

曰百堵皆興或曰蕭然環堵夫非猶是墻也哉何以聲相需而不
相似也繕完葺墻以蔽其堂奥則宮之即墻可覘者自有表裏相

二比合疏宮墻分焒下文宮并無及有室家作翻

因之致矣世有曠其安宅者或并無宮撤其藩籬者或并無墻有

宮有墻亦稍可自立矣然或分人之餘以成其有積數十年登〻
懸〻之力始稍異于穴居巢處之氏遂謂天下之宮墻其畫于此（從賜縮夫子處憶肖本）
乎一世之身居廣廈者必自忘其宮厚其垣墉者必自忘其墻曰宮（以不可知數仞美富作翻）
曰墻亦自人名之耳乃氣愈斂者象亦愈昭雖自同于尋常編户（從來子繪賜）
之儔而莫竟其攸芋攸寧之量雖謂天下之宮墻無妨一視乎是（二比亦分悟）（直映墻見）
故同一宮墻也有時有墻爭于無墻〻顧宮矣而墻不任咎也宮（直映只不見）
為主而墻為輔墻實聽命于宮耳有時有宮爭于無宮墻藏宮矣（反映不得門）
而墻亦非有意也墻雖嚴而宮自存宮原不絕人以墻耳敢而譬
之賜與夫子之賢否不昭然乎

每見作虛題者。惟恐碍下。輙浮游空衍。不知本題中必有一二字可捉摸者。靡着此一二字。踏實步虛。自不爲題所窘。有識則有胆。有法脉則有思路。拘拘者直是不能透發本題耳。如此文前路引起。譬如已是筆筆照下。中後將宮墻二字。顛倒拆開。騰空翻弄。無意不與下文虛涵。無語不從本位寔疏。鏡中看花。却仍是鏡。水中看月。却仍是水。虛題若得此法。最易出色。邵庸濟

譬之宮　馮

譬之宮牆

馬世奇

賢者辨品而取其易辨者喻焉蓋天下無難辨之品人不辨聖賢亦不辨宮牆乎牆固以武叔之不可正論也譬之曰人品至變絕之極而天下無難辨者矣論人品者至倒持之極而天下又幾無易辨者矣夫賜也賢於仲尼而尚可與論品乎雖然彼欲以意移之我還以象示之（一旋一轉宮牆）彼欲自附於旁觀而以私議窮之我則姑置其當局而以曲譬通之溯淵源之自即不敢與仲尼（陪出宮牆）分門戶而析議論之衷不得不為大夫辨宮牆自牆設而（將宮牆二字拆開）宮為之宥而中藏具是矣雖尊顯若不能引其淺以為深猶諸著下者不能賦其深以為

淺也而以譬人蘊藉之淺深何獨不然自宮談而墻為之藩而外觀其崇[illegible]然者不能稍其下以為高猶諸甍數者不能抑其爲以為下也而以譬人位置之高下又何獨不然向也尚論於得失之[illegible]也而莫尊自在吾能千古也宮墻可遠而譬也今也寄慨于是非之口秉鑒不在朝而提衡自在野一時之宮墻可近而譬也譬而知定品非無定之品所能淆蓋紛紛者欲掩其形而宮墻若聆之矣譬而知公論非不公之論所能奪蓋悠悠者欲易其方而宮墻若區之矣是以造道者先植宮墻而後可以承堂構之績非是則無基之語也衛人者先別宮墻而後可以設階

紱之觀。非是則無稽之言也。今日洙泗宮墻。未墜于地。賜而賢于
仲尼乎。六夫面墻矣。
或就聖賢一面說。或就論聖賢者一面說。妙俱貼合宮墻。即見
得武叔所語之誣。靈快絕倫。行文由虛而實。由淺入深。亦次
第可法。

譬之宮

譬之宮牆　數仞　二名　徐日晨

為不知聖者淺喻之、即其外而已逈不相及矣、夫牆所以蔽宮者也、賜取譬於是而及肩易見、較之夫子之數仞不已逈不相及哉、且吾人惟是生平所造不容自誣而或未嘗參觀於至德之崔巍（精義鎔鑄首）則狃卑賤以苟安者轉以無所形而獨見其勝（尾穿成一線）抑知諸必借証而始明而量以並衡而難強業自知之既確則但一覯於外之所著（清拓采濫）而憂然者已予吾以無能相躋矣如叔孫之以賜為賢於夫子也其視賜何不高而視夫子抑何其卑哉造詣有獨臻之域望籓籬之峻而攀陟靡從方且抱慚之滋其頭昧昧者乃竟妄别低昂也（凌空倒影落大方）

則撫躬修而內度殊難自混其品題學問有遞上之途據尺寸之得而蘊藏勿露方懼卓立之無時乃悠悠者頓獨謬爲推獎也則念聖量之相懸胡勿類泰於物象噫不知夫子者其獨不觀之宮牆乎且夫牆何以異亦以其宮而異之耳故同此築削而成而或以屹屹美崇墉之制或以區區來短垣之訊外見之卑高即內藏之淺深所判惟其然而賜愈不敢以望夫子矣非不思奮精神以嵲起而質有所限即令規模甫就初無俟翹首而奇瞻亦嘗歆歛精藴以深藏而蔽之未崇即令瑚璉堪誇要無難燭照而數計盡譬之於牆賜則不過及肩耳其窺見室家之好也固然而豈所擬

正龍透出喻意

明浮醒

折入夫子郎重

安放及有三句神注夫子絕不學賜步趨郎健

、恰、好、發出、

於夫子之牆哉在聖人達化窮神寧必以層累爭卓絕之境頓基
之固者牆自巍也夫就將深於歲月賜豈不願專勤之久以庶幾
攀躋之有緣乃不可以尺計者並不可以尋計則相循雖已有素

既登級仍嶄嵩

而起萬類以特出徙悵望於孤詣之獨成抑聖人平情近理寧故

正前央寫

以崇隆重膽仰之勞題品之奇者牆自別也夫知仁本於生安賜
方欲極之穆清之表以顯喻階升之無自乃足不暇跂者即指亦

暗屬象掃二字神行

不勝屈則自值雖有可憑而愧一簣其多虧已遠遜夫曼規之屹
立擬以數仞以視賜之及肩其相去不已遠耶是知詣不經於偕
証則內與外茫無所辨或轉以楨薄而肖逾分之稱而量既援以

並衡則卑與高本自懸殊何敢以俯就而居抗衡之列頃吾獨惜夫不得其門者宜終其身宮牆外望而卒莫知夫子焉耳

鎔題大方不涉纖巧而氣味淵穆風度安雅非面壁功深未易臻此境地 湯修來

渾涵正意側注牆上落想思致清微筆情健舉兩山夾題之神貌部位無不一一六轡在手範我馳驅 周次伊

譬之宮牆　數仞

庚寅江西　郭綬光

賢有卑而易窺者卒譬之而聖乃見高矣夫宮必有牆賜非故予人以易窺也然及肩之牆視數仞爲何如而敢與夫子並也哉今夫人外見之規模莫不視乎中藏以爲高下苟或執淺見以相推鮮不緣目之所已經而幾昧聖修之獨峻矣惟一舉似焉夫乃嘆處乎下者英華僅分至聖之餘而造其巔者境地已據古今之絕也如叔孫以賜爲賢於夫子夫賜與夫子豈待較量而後明哉夫子之道德渾全又豈外觀所能盡哉無已且於擬不於倫之中作一比例以觀之想其譬之宮牆乎且夫宮之外有牆而牆之高卑

徹悟

伏下　蕪衰

提筆

亦何常之有天下嘗有一畝之宮環堵之室內顧了無異致而厚自張大翻為之故封其象隱人以難測之規則風標之峻厲初何與於內蘊之宏深天下亦有輪奐既崇丹刻既羅遐覩不欲深藏而外自眩損轉不妨過隘其局示人以平易之觀則器宇之崇閎豈盡閎乎碩瞻之壯麗雖然模範者積中之表也局量者品衍之原也多亦思賜之牆安得與夫子等哉短垣可踰不難因表以測裏翹首可望何須遊興而歷瀋室家非不好窺之而即見矣賜其如此及有者何哉一㮣量拘於蠡則雖殫積累於生平亦止在得尺得寸之數彼瞻其風裁者非不覺光華之外著也而撫躬時復自

傳頌

愧覺曠邈遐瞻轉觸我以卑無甚高之喻（仰承俯注）勢囿於近則雖欲遽立其範圍終無復繼長增高之象使非有獨至者亦差幸寸長之足矜也乃俯仰彌復自歎覺心摹力追早示我以層累愈上之形不覩夫千之牆乎其數仞為何如乎緬淵深於絕諸家必立崖岸以為高乃巍然特尊早已獨標其位置仰止者方肅容而起敬矣而謂以窺爾之風規尚堪較量於銖積寸累間也乎有膛乎其後焉耳瞻儀表於師承初非假薰陶以自飭而屹然卓立直擬俯視學羣倫覽輝者抑且遥望而若驚矣而湯以尋常之品地謂可相擬於等量齊觀中也乎有仰之彌高焉耳蓋植基有限安敢妄擬夫

高深而嚮往徒殷○亦止略覩其形象而欲以窺賜者窺夫子不亦難乎○

卓按行騎就隊纔乎遥遥般乎裔裔前路翩騰處尤能一新壁壘

譬之宮牆

譬之宮墻　數仞

蓄宗師歲取進仙遊縣學　程日新

即易明者以喻、已難比于聖之向焉、夫宮墻至易明也、賜援以為喻、寧得以己之卑者、比于聖之高耶、嘗思聖不旁引、而通幾悉當躬之淺小理非借觀而得未識至聖之崇高故當虛參之隆而比例以觀詎容以諧之卑者而游與高者概視耶彼以賜賢於仲尼、揣其意殆以尺寸量仲尼而謂賜之賢躋於聖耶與有其未闚然以卑近之基而擬夫峻絕在乎耳聆之間雖安於纖默宅心其未廣矣以淺近之模而比於絕諧即賜身受之奚較以之自多識其譬之宮墻乎曠如者宮而容膝者亦宮宮不容以一視則為之擬

百四九

議于其間正足考当前之分量卑近者墻而高峻者亦墻々自有其不同則為之較量于其際自可覘吾人之詣力賜蓋未擬夫子、之墻先、即賜之、墻、觀之非不欲儕累日上而峻其雕墻令人翹首而望也特以所造如是賜即欲耀其長而宼已暴其短比肩以臨凡雖撦人之耳目非不知垣墉自動而高其閈閎使人仰止而思也第以所及至此賜即欲炫其華而宼莫撦其陋並肩而立徒以見室中無長物賜以宫墻為譬是賜之墻未敢擬夫子之墻而夫子之墻宗、游、依、及、肖、想、乎、線、、企望覽賜所未幾者夫子早已幾焉不必問其經皆何以叅咳何以而親炙已自莫京高々在上而

賜所歎不及者夫子原已至焉無俟考其日積奚者月累奚矣而休
務已知莫並是則夫子之墻不見及乎數仞乎總之造詣之不一
恒參証而愈明則以賜之墻之卑洵見其室之淺寧得擬夫高不
可攀而力量之各殊毋借喻而不與則夫子之墻之峻無非其詣
之高詎竟同夫淺而易窺觀夫宗廟之美百官之富不入其門則
不見豈得謂室家之窺見者可與同日語耶

譬之宮牆　數仞　五名　萬廷茜

牆以蔽宮觀其牆而高下已殊矣夫境地之高卑不容誣也墻卑如子貢而室家顯矣可與夫子之數仞並論哉且學者宗依至道苟不能儗諸形容將何以自忝其分際也故得其緒論已聳世俗之觀聽而測厥全體繫生人之企望罕譬而可喻矣誰謂卑之無足論者之竟不能仰觀而忝其要即異其賢于仲尼之說也為乎哉吾黨日從夫子遊其不敢以尺寸之私揣度聖人也久矣其不敢以高下之見自誣而並以誣聖人也亦甚矣名理有無涯之睨而顯呈其象則位置燦然何能一一準向下參差之觀竟漫謂為

剴切題旨知錚　卓鍊精　極分量活潑

自他之有耀神明操獨運之權而象者英崇則巍乎與並何能泯
瞻望弗及之詰竟自信為含章之可貞是何不觀之言猶乎賜于
以微為峻乎法空矣
是功以之取譬夫亦不知性道可聞夫子固未嘗以適峻者拒人
示函丈乃諳之所至即為境之所窮與阼依然爾室之綺扉切華
不章以標榜耀路人之目非不知一悟可傳夫子而皆以卓絕者
阻人以階升乃力之所伸即為量之所屈穹窿在望一時之左顧
刻劃
右盼不煩以翹企探內蘊之精夫室家未嘗不有其好也而如其
窺見何也則以牆之及肩故耳夫入道之有基也登以積而愈崇
舉一切精微要眇之途質然自泯其藩籬而以為無約自備大

文寧易盡者乎。夫高不可貶，卑不可抗，茲何以美富華自眥，竟成一
（深思大力，搏抗元化，足括一面，六勝）
覽無餘也。是賜之牆，經鑒賞而適呈其寔也。聖功之難量也，境以
淵而轉絕，極人世光明正大之規，毅然力謝其攀援，而使人望而
生畏，則登天豈易幾者乎。夫淺者見淺，深者見深，茲何以分位懸
殊，幾成熟視無覩也。是夫子之牆，經擬議而愈得其真也。夫不有
數仞者在乎，則曷觀夫子乎。必斤斤焉細推審勘，以與斯相推
然則測聖未免於深，然無象者可擬，諸形斯有象者可証，諸寔也。
道岸何以登，高山何以仰，而澄觀默驗，聊懸一格以相參，必沾沾
焉絜短較長，以與吾丁相比例，則論聖亦覺不倫。然力不可得而

恩科直省鄉墨　江西　六五

追者心自可俳而摹也若瞻望而弗見幾注目以難移而即境會〔描[illegible]〕通尚賴密衡其分際〔數仍不涉纖巧〕是數仞也豈及肩者所可同乎蓋諸臻其極世量已統乎全宮及門尚罕覯升堂之輩而識拘于墟則道不覩其大在大夫安得此門外之談夫數仞之墻具在也而得其門而入者誰哉無惑乎大夫能見賜室家之好而不能見夫子之宗廟百官也

鉛華洗盡妙會獨開空靈沉着兼擅其美　湯修來

雖係室家之好覺亦得衆甚難即不必峻絕乎人要自卓乎莫測全以進退伸縮之筆曲曲傳出比擬神情[illegible]無一語[illegible]沾圖畫也[illegible]閒次伊

譬之宮牆　數仞　一名　熊　枚

由可窺而罕譬之可進觀聖量之高矣蓋賜以可窺而見賢則同焉是牆非猶夫子之牆矣數仞之譬當由是以進視耳且學者未有不峻立其防而有以幾及于聖人者也聖人高深之量於聖人（統意寬博挺六）（潛在手）求之而先以學者之所及證之學者淺著之跡予學者求之而即以衆人之所見知之此其說不必取諸遠也試舉顯而易見者以相況而高卑之形立判矣今以賜遊聖人之宇也非猶無識而外（紀正意渾舍為）觀者矣乃賀賜之齊倏來旁人之目夫亦思夫子之垂範吾黨者（譬之導源同光泛頂）不憂岙及無從而夫子之卓絕群倫者猶幸黍觀有象也試譬之

宮牆聖人無翹然首出之跡而瞻其表者必緣擬議之有由以徐徵其積累之甚厚則言宮牆正不必遠求諸子也學者有闇然內祕之華而易見珍者每緣好事之敷稱而函見其淺求之有自則言宮牆要必先觀夫賜也向非賢賜者有以見賜室家之可窺將

豪上出題筋摺脉動

賜亦幾忘為及肩之牆而不知有夫子矣天下分之所獨絕者即

窈傍二比空際寫照向背往來面面玲瓏

無對境之形容而于獨絕之分原無加損也蓋第即外著者以觀雖交口贊譽夫寧有當於分之高而孤懸一格又豈因不知而損

夫子不必借賜以形其高亦不開

其高也此夫子之牆不必徵諸賜之及肩而分自昭其獨絕然天下詎之難幾者又以比擬之有據而於難幾之詣倍見分明也蓋

先即對照者以觀覺有目共覩絕無所當于諸之高而企予有望更可因遞進而仰其高也此夫子之牆尤必徵諸賜之及肩而請

夫子之高因賜而愈見其絕作合

愈覺其難幾夫非猶是牆也哉而夫子胡為以數仞特著無階可

神來

升夫子之德峻矣何獨于牆而有尺寸之可求第以可窺者方之覺數仞之牆已逈非及肩者比矣又何待于數仞之外而次其推崇也哉日月可踰夫子之體尊矣豈復因賜而有尋丈之可程第

紆對武叔突徼

即賢賜者踰之覺及肩之牆已難與數仞者擬矣又何妨于罕譬之餘而見其懸絕也哉然則一言宮牆而及肩者可窺即數仞者亦可想矣夫夫子非必以數仞之牆絕人以攀躋也胡賢賜者僅

恩科直省鄉墨　江西　一九

收束精警蘊藉風流

知室家之可窺而甘為宮牆之外望欲蓋亦不得所從入者自貽伊戚已耳

鎔結處神味騰湧出落處呼吸靈通頓上注下建瓴慧心月斧雲斤豈是尋常椎鑿　湯修來

緣叔孫以賜賢于仲尼是以為賢推原並為所以賢于仲尼推原要之夫子身分原自有在不必斤斤與賜較量即較量而隨在可見也元文細意將夫子地位熨貼側注墻上博挽全題神氣團聚尤為不濫不侵　周次伊

譬之宮牆　數仞

庚寅江南　熊　枚　元

由可窺而罕譬之可進觀聖量之高矣蓋賜以可窺而見賢則同焉是牆非猶夫子之牆矣數仞之譬當由是以進觀耳且學者未有不峻立其防而可以幾及于聖人者也聖人高深之量於聖人求之而先以學者之所及證之學者淺著之跡於學者求之而即以衆人之所見知之此其說不必取諸遠也試舉顯而易見者以相況而高卑之形立判矣今以賜遊聖人之宇也非猶無識而外觀者矣乃賢賜之稱倏來衆人之目夫亦思夫子之垂範吾黨者不戛企及無從而夫子之卓絕群倫者猶幸叅觀有象也試譬之宮

牆聖人無翅然首出之跡而瞻其表者必緣擬議之有由以徐徵其積累之甚厚則言宮牆正不必遠求諸子也學者有闇然內秘之華而易見珍者每緣好事之聲稱而因見其淺求之有自則言宮牆要必先觀夫賜也向非賢賜者有以見賜室家之可窺將賜亦幾忘為及肩之牆而不知有夫子矣天下分之所獨絕者即無對境之形容而于獨絕之分原無加損盡第即外著者以觀雖交口贊譽夫寧有當於分之高而又豈因不知而損其高也此夫子之牆亦不必徵諸賜之及肩而分自昭其獨絕然天下詰之難幾者又以比擬之有據而舉難幾之詣儘見[illegible]即對照者以觀

譬之宮牆　數仞（下論）　熊　枚

覺有目共覩絕無所當于詣之高而更奇因遮塗而仰其高也此
夫子之牆尤必徵諸賜之及肩而詣愈覺其難幾夫非猶是牆也
哉而夫子胡為以數仞特著無階可升夫子之德峻矣何獨于牆
而有尺寸之可求第以可窺者方之覺數仞之牆已迥非及肩者
比矣又何待于數仞之外而致其推崇也哉日月可喻夫子之體
尊矣豈復因賜而有尋丈之可程第即賢賜者喻之覺及肩之牆
已難與數仞者擬矣又何妨于罕譬之餘而見其懸絕也哉然則
一言宮牆而及肩者可窺即數仞者亦可想矣夫夫子非必以數
仞之牆絕人以攀躋也胡賢賜者僅知室家之可窺而甘為宮牆

壹○然　收束精

之外望歟蓋亦不得所從入者自貽伊慼焉已耳

連山抱西南石角皆北向處處為末句艮限故無一筆閒設文境亦何嘗排蕩秋旻齋也

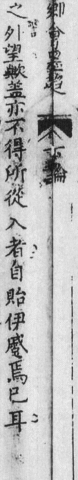

譬之宮墻　數仞

蜀李院歲取進仙遊縣學　蘇占元　季周

即墻之高卑為喻、方已深而方豎胥當矣、夫子貢智足以知夫子也、故賢心抑而歎、心生焉、觀取譬於及肩數仞而方已方聖不胥淂其當乎子貢若曰賜之望夫子為依歸者久矣夫子之詣果何目可淂此肩而接踵哉誕而登者轉艮而限一言夫子而賜之心已歎立而卓者孫仰而高一思于賜覺夫子之詣寔孤返衆考証內蘊有不得以自誣而外觀無不可藉為擬議也武叔以賜矣於夫子豈知賜於夫子其相懸奚啻有倍蓰之數什伯之數焉者乎微才堪羡微才尤堪悲也高一格以推許武叔羡賜至矣正惟羨

之有餘斯悲之愈微其不足則尊闕可安而未敢安矣至詣難絕
至詣尤難續也挺庸衆以仰止賜雖欲續夫子乎正惟續焉如登
斯絕焉彌形其如墜則方已可擬而未敢擬矣嗟乎夫賜亦僅成
其為賜而已矣夫子可概論哉益知夫子之賢于賜遠矣賜得以
古文唱嘆
數計哉無已請以宮墻觀今夫宮墻者室家之外見也賜學夫子
有年矣非不勤效夫子敦土是安而得精微之奧而無奈學問不
可強也安能以升堂未極漫云堂例之巍峩而室家者宮墻之內
貯也夫子教賜有年矣非不勤懇共累不盡之藏以遊微妙之宇
而無如造詣不易臻也烏可以入室未至妄比堂高之數例擬而

議之賜之墻也及肩寧可與夫子之墻同日語哉夫子以作君之
道而作師原夫嘗自肆於雕墻之習然而賜即墻以覘則知夫子
之墻不可及也夫東山太山所以壯其基址也江漢秋陽所以王
其丹艧也瞻在前而忽在後誰得之等量而齊觀夫子以行道之
心而傳道又未嘗屢賜於門墻之外然而賜即墻而論則知夫子
之墻非易及也夫不厭不倦所以勤其探築也不磷不緇所以貞
其孔固也神無方而易無体孰得之揣本而齊蓋夫子之墻始
於何焉豈若賜之墻及肩而室家易以窺見者乎噫武叔惟窺見
賜而未窺見夫子故謂賜賢使果深見夫子則必曰夫子賢於賜
舜又何得曰子貢賢於仲尼

譬如為山 一節　　崇文 黃起熊 師南

借為山以立喻，決其機於己也。夫學有進而不止，則為學不異於為山矣。彼止與進之機，非決之於己哉？且學者百年之功，所爭在一念，而機決於進止之間。故自恃其進，有時而止矣；自畏其止，有時而進矣。其勢甚危，其機甚疾，而轉移變化之端，又出於意料之外。人奈何不自警惕也？今大勳業皆歸於天定，豪傑亦難以圖功，而成敗少本於人謀，廣濟亦堪以藉手。天下事豈有由人而不由己者哉？則譬如為山乎？大凡未至之情形，恒由心造。心堅則力亦堅，則藏益堅。故朝搆夕纂之下，有時頹然而中阻，亦有時纍

然而奮興勿壞之根基本乎氣聚氣銳則精銳精銳則神益銳故
量遑奔赴之餘有時一鼓而就衰者亦有時再構而再厲然則不
望其進焉乎爲自甘於止焉乎覆簣若是爲山其竟進乎而忽然
二○則、異、次、簣、落
者止矣舉目可卜力仞之觀嘻乎竟隳一朝之業已不自惜人誰
惜也則止於一簣者有然初覆者其遽止乎而毅然著進矣撮土
未成培塿之形片念已具蓬蒿之象已不圖逸進誰敎逸也則進於
得○比○一○東○盈○孫山泥○適○多○累○簣
平地者有然且夫事之借力於人者功不可居過亦可諉也要之
不藉乎已者榮無所歸辱無所係也而抑知止焉進焉其如吾何
二○告○秦○書○起○讀○六○鼓○春○調○舂中○暴○利之○作
造物之有終始也初不知何自而終何自而始在造物亦出於無

心彼為山特其偶焉者耳乃不慎厥終已忘其始克圖其始早慮其終識者以此悟盛廢之理焉事何爭難易強者易而弱者恒難人無論知愚知者動而愚者終溺人情可不儆乎哉而已止者雖悔其何追矣既往者前途毋自誤矣運會之有興廢也并不知何自而廢何自而興而運會亦歸於氣數彼為山猶其小焉者耳乃欲求其興頹焉而竟發力防其廢卒然而竟興識者以此見乘除之數焉天壤無可逃之責暴棄者師友無權古今有必敗之基猛厲者鬼神莫測人可不勉乎哉而已罷者惟願其前車之是鑒矣未覆者尤願望其大力之是遂矣止者不知吾也進者知有吾也

人各有吾爲山何論哉

氣局渾成議論超卓勿山而後此其嗣音矣芸臺中丞評

宏深肅括波瀾老成周芾塱

譬如 黃

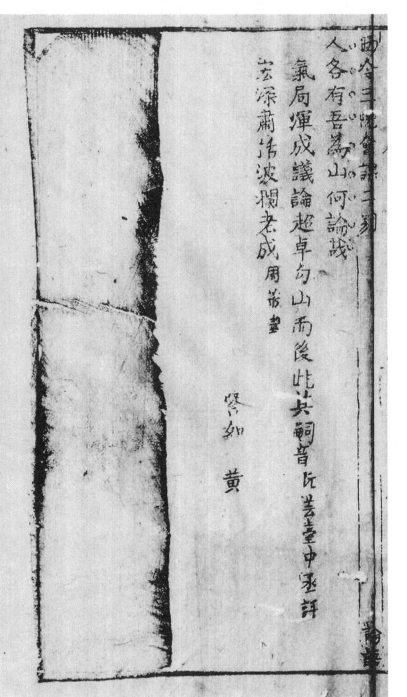

霸者之民　一節　孫廷□

民風異效而王霸之治可見焉、失王霸固不易民而治、而感與亡、奚以異耶、是則古今之治象已矣、蓋嘗流覽風會、考其治徵、而竊之情、非獨以治亂殊也、蓋盛治中亦復有盛衰焉、然後知移風易俗、使天下食德而忘報、類非俗主之所能為也、夫五帝之事、若存若亡、尚矣、至若頌潛周道、小雅而歌衰、晉楚諸君、有能烹魚而溉之□熱、者、可不謂榮焉、而非所語於治數之大較也、亦觀諸民焉已矣、民不悲喜、孰從而統同之、乃悲者當之而輒喜、及喜者當之而悲與喜無言也、此又非區區恩膏之所能洽也、民有愛憎、孰從而剖異之、憎者得焉而輒愛、及愛者得焉、而愛與憎俱可置也、此[illegible]

（補出五帝高者）
（取勢出民字、手眼自別）
（描青有神理）

大題傳文　王孟庚辰

賜之所能知也則嘗綜覽列國觀盛衰之遺事而見霸者之

祗霸者之民似祗知有霸者也夫公子行路或以酒而不以漿其

恩加思感惠至知於頤謂非少恩歟然較之秦晉荒之世何其

此一快愉也吾第見其驩虞如也夫嘗竊漢西京仰先烈之流澤

知見王者之民焉大祗王者之民似並不知有王者也夫匹夫匹婦

尚投桃而報以李若其稻粱介休士女逐穀豈猶有未足與而較之

維圖代興之日何反少此一歡呼也吾則見其皞皞如也夫懽和也

感棲於風氣而恩澤之量微夫謠俗無驩虞者不知驩虞之為厚

皞皞者不知驩虞之為薄分甘飲和而情感殊即當世緒間意也

三代之前與夫三代之後恩及驩虞者忽不知皞皞之陸自

及皡皡若又不如驩虞之後為何代觀風問俗而感慨生即
（微情生乎聲矣）
從愴然于議論之外與夫議論之中然則讀檜之卒章而傷天下
無霸猶可言也讀曹之卒章而傷天下之無王不可言也今泗上
（得史公意）
侯猶能發憤為雄以廣幾千三代盛王之際者乎余請得著諸新闢
興起之端以覽觀焉

標華構寔皆在神意之中使人可想而不可即三神山為風引
去此言良不誣　玉珩方
驩虞句寔皡皡句虛以下節始言所以皡皡如耳作者從虛寔
闡最難停妥此文步步合法而華端嫵媚更有飛鳥依人之致
蔣闇

大題傳文　下孟　庚辰

只將兩如字流連唱歎不盡過為分流而低昂之意自

縹緲若仙幾于片石孤雲晴[illegible]明月低鶴山

霸者之民 全章

嚴禹沛

道大而民忘異于功小而民悅矣夫惟小補民故悅也曾見有驩虞於天地者乎而又何疑于王民之皞皞乎且民心至于忘焉斯已矣（淡折）茀忘弗可云治也然無以流焉則不忘無以化焉則不忘無以神焉則不忘無以流焉化焉神焉而有以補焉則愈不忘吾觀古今之天下有三焉霸者補之而成一世之天下王者化之神之而成百世之天下天地流之而成億萬世之天下今夫天地雷霆鼓之而不知其成雨露潤之而不知其惠日星雲漢昭之而不知其教日戴天而忘天之高也日履地而忘地之厚也而故化一故神也其流也非補也

（綜領在握關局雄奇）

（說天地搏捖全題）

（爲上下與同伏根耳逆入卸得順理）

接得雄奇

而吾獨怪五覇桓公爲盛而竊天地而假之亟天地不可無威刑則

擒之縱之屈曲自如

補之以内政軍令天地不可無恵養則補之以府海官山天地不可

無教澤則補之以示義示信由是感恩者滿志矣頌德者傾心矣斯

鈎清與後結句呼應　接得[illegible]合雄奇

時之民蓋驩虞甚抑知此特小補也云爾吾是以穆然于禹湯文武

之爲君子也王天下而爲王者也于稽其民固何如乎以致太平豈

無威刑以樂胥康豈無惠養以納軌物豈無教澤而民登於不慼不

點次精鍊

膺不知者是所爲皞皞如也是所爲君子之無弗化無弗神也吾何

以擬之請擬之以天地天日流于上覩上者游于一氣焉地日流于

下覩下者成于一德焉王者之輔相裁成方有效法崇卑之事皞皞

運思如雲龍妙以神變

何為者然而已化矣已神矣天地之流王者寔同之而獻天以富有資地以日新何嘗上蟠下際而王者成位乎其中地流而天生天自有其變化焉天流而地成地自有其文章焉王者之厚生正德方有調爕陰陽之時皞皞何為者然而自化矣自神矣王者之流天地寔同之而天錫以平福地効以豐功何嘗下濟上行而王者克配于其際故時而天猶有憾也地猶有憾也王者正不妨同其憾者絕後世驩虞之術乃天常覆也地常載也王者自能以常相參者垂千秋皞皞之風豈與霸者之僅僅補其罅漏者等乎哉然則觀于天地益知王道之大觀于王道益知霸術之卑也夫

結處雄奇

離奇夭矯。不可方物。橫絕一時。　沈岳瞻師
永安八陣。猿鳥猶疑。籌筆餘骨。風雲常護。山種文。其發天地元氣
之奧乎。　陳亦韓
精實者其理。疎宕者其氣。心細如髮。才大如海。選入古大家集中。
品目亦當在奇之甲。　師洛

覇者之

驅虎豹犀象而遠之　何焯

元聖爲民除物害、亦使其不能爲害而已、夫民物各有其所也、虎豹犀象特不當與民近耳、驅而遠之、豈復爲害哉、孟子叙周公撥亂反治之功、及此、謂夫天生聖人、以開一代人物之治、而猶有禽獸之爲患焉、何以使生民保厥居哉、當紂之亂、物害于斯極矣、園囿汙池之廣、既積久而充、虎豹犀象之奇、復自遠而至、豢養之出于厚歛者、獨

○原批從上文○禽○獸○二字內○剔○出○猛○獸○即○爲○遠○之伏案

夫壇而悉皆罷矣、然而以坐以食偪于人者自如也、招致之由于助虐者、衆罪伏而所在無矣、然而或羣或友交于道者孰禦也、爪牙之

雜○翻頭却是探本之論○照○下○文○武○○○○○○○○

作威、實與無依之戾氣相煎、脩和洽于有衆、或者其自從而嚮乎周

○[illegible]○恭○予○謂○當○懷○之○得○驅○而○遠○之○性○不○可○施○教○也○ ○李○批○是 虎豹

公則不欲遺同類之憂以待異類之化而爲之去其泰甚焉搏噬之

原評

肆毒蛇與殘害之力役俱流清明草于會朝或者其漸擾而馴乎周

○龍○蛇○于○所○謂○不○可○與○處○此○土○ ○李○批○遠○[illegible]○[illegible]○[illegible]○復○其○故○

則不欲虛有益之地以留無益之物而俾之復其故區焉軼材之

獸非民覊佃漁之具所能備罔宜于用驅矣于是乎虞衡寘其穴脩其

害而舉其政不育于國者所以見仁民之弃也無知之罪亦王者流

○原○批○地○倒○切○

宥之法所可權唯宜于蕘之矣于是乎山林澤藪任其去而貸其生

○項○仁○民○ ○原○批○緻○

不極其往者所以兼愛物之施也四者既驅向之咻迫無歸者莫不

○原○批○周○密○

○麑○上○即○是○一○治○

制宅分田食聖人之德其間滋殖之日繁乃民力之所欲致也故雖

○[illegible]○以○此○綴○能○萬○民○四○[illegible]○收○養○[illegible]○鳥○獸○此○但○以○民○所○食○用○該○

豚狗彘之畜又樂其養而不窮于人復何所患哉四者既遠向之宜其

項長物　原批：此之謂能盡物之性

頑不靈者莫不深居簡出若聖人之教其有醜類之僅存乃用物所宜恤也故苑囿獮狩之獲亦時使縱而不追于禽獸又何難哉信乎周公之一治而人與物各得其所也抑天下治亂之象即人物之互為盛衰而可見唐虞之物害因水患而長亦即隨水害而消非兩事也商季之物害由人事而生必盡人事而息有並難也周公之承禹

原批：人結為承三聖通其脈絡

其獮有不得已者耶然而虎豹犀象非其土性遷止在于福人後之亂臣賊子識其天常人且近于禽獸矣故禍尤劇而力愈難外人頭疑其得已者何也

意深厚而詞古雅非復[illegible]　李安溪先生

與雅並大可與義仍季石兩作並驅後幅尤波瀾老成韓慕廬先生云民無所安息及使民不得衣食二句于聽而遠之內寫出仁人愛物寬嚴並用筆在題中力出題外

[illegible]虎豹　何

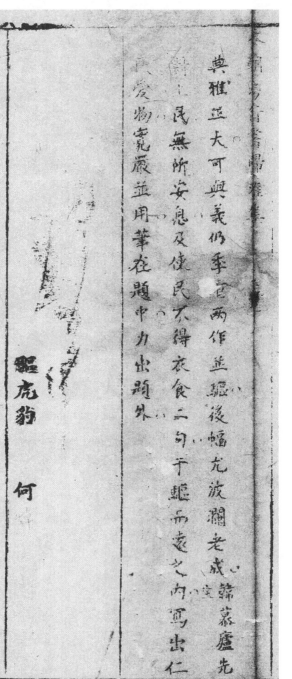

竊比于我　一句

商有述古之賢聖人特比之已矣蓋老彭固所稱善述者夫子竊比之若曰微論作也即述亦未敢矜言耳今夫為其事而前無所承與後無所繼皆未免乎寡和之憂者也惟是古今來微言大義絶續之際表章于千百年以上則我得古人而快意焉倘明于千百年以下將古人亦得我而快意焉與言同志所由遙企情深爾一丘所謂述而不作信而好古匪自予一人始也間嘗紆衡往昔流覽哲人彼黃農既沒而危微數語奚以獨炳于人間商道寖衰而明居諸篇胡為不遜于當代聞之則非大夫老彭之方不及此然則老彭亦賢矣哉夫

文

以老彭之才之識于以著書立説誰曰不宜顧乃兢兢乎輯舊聞修
往制亦謂後人聖吾不居功後人明則尊聞行知當必有曠百世而
相感者而丘也何多讓焉且夫我之于老彭古今人同不同未可知
為此字宜暢厥旨
也一有昔之述易而今之述難者老彭世為近古典墳猶著于當年我
則人自為書異學爭鳴于此日一有昔之述難而今之述易者老彭遺
文多畧直須闡秘于編摩我則古義漸闡祇事訂訛于簡策有昔之
述逸而今之述勞者老彭以三事之大夫入天家而弘纂輯我則以
一介之韋布聽列國而忘定删有昔之述勞而今之述逸者老彭當
屢遷其京邑商乘之散佚良多我則訪周官于柱下國史之掞羅甚

論語

竊比於我老彭

江南鄭宗師科試 史載館
入溧陽縣九名

聖人自比商賢，即述亦不居焉。夫老彭所稱信而好古者，夫子竊比之，非不欲以述自居哉。若曰：作者之聖，固我所不敢當也；至述者之明，亦或我所無庸多讓矣。而不知斯道也，古之人已有先我而行之者。一述而不作，信而好古，而豈自丘始哉。無師之學弗敢自寔也，滕國之遺獻猶堪念矣。妄作之譏何以得免也，先哲之流風教我多矣。我於商得一人焉，所謂老彭非乎。老彭生明備之時，固不若唐虞以前尚嫌渾噩，則師心之智正自無庸，老彭當博綜之餘，而深念禹湯以後代有傳書，則佩服之懷烏能自已。使我也入

（精○合○確○便○）（精○秀○）（先出老彭○）（在老彭時已○不必作○）（在老彭時○不容不述○）

其門焉升其堂焉許老彭不以不肖而棄之也無如我生亦已晚（情文相生氣若椒蘭）矣流分派別而惟老彭之信從為得其宗則亦步亦趨雖仰邈高踪而不疑為僭我也聆其言焉親其行焉諒老彭亦將以同心而許之也無如我小亦已後矣風微人往而唯老彭之嗜好為得其眞則是則是效雖遠隔異代而不病於僭且夫我之於老彭亦極（二轉忽又無際）難耳是非予奪託舊史而必嚴背若老彭不聞有是也然使其生（蔚然風流）於今世度亦未能默默乎是我之志不嘗老彭之志特為變而通（諸氣恰合）之非立異也求合轍焉耳參互考訂歷四方而不違昔者老彭未嘗有此也然使其身際斯時度亦未免於栖栖乎是我之事猶然

竊比於我老彭

張自超

聖人自附于昔賢明述亦有師承也夫夫子之述功且倍作而以爲竊比老彭者蓋不唯不敢言作而亦非顯然自居于述矣若謂以吾之日我夫子于古也豈曰不言作矣而遂捋古今來一述者哉蓋古之作者恃有人焉將述之于後而吾之得聞乎古人又恃有人焉已述之于前故夫溯曩哲而心儀勃然使吾興嗜古之思者其由来正未可淺也信而好古丘之所以爲述也而豈自丘始哉數百年之後有丘焉綱羅掌故而數百年之前早有人焉修述者之業以繼往而開来數十世之下有丘焉傳習舊聞而數十世之

上論

上早有人焉辟述者之才以信今而垂叙誰與述者務我老彭其
人也以神奇之質而倫宮于天府故皇古以來之作者至老彭而
述其全此其事似非丘之所能任然躬素布之賤而開業于名山
用闢名以取勝處字風秘緒精
則並老彭以後之述者至丘而愈見其多此其事亦非丘之所得
辭在老彭以信而成其為述丘之殷殷于古者豈遂能信老彭之
所信但意中寄老彭以作之則而中心藏之㝛寐依之蓋竊比于
其信而多所未逮矣老彭以好而成其為述丘之汲汲于古者豈
得自鑄口吻
遂能好老彭之所好但意中懸老彭以為之的而與為朝焉與為
夕焉蓋竊比于其好而正有未逮矣使無丘以比之于後老彭雖

孫先述古而肝衡宇宙未必不悵惘于從此之無徒一然非老彭之
二比並論將來
述之于前丘雖苦心諳力而國所師承又豈不抱憾于先聖之所
湮則亦幸有老彭而竊比之云爾嗟嗟自老彭至今且數十百年
前後二言奉養諸家備
矣其間消亡殘缺非丘孰起而修之然歲不我與而形神衰耗才
力弗周以自長吻于述者之林將知我者其唯老彭乎罪我者其
唯老彭乎

熔註尊親情真語摯倖認貼切風度頗佳

鼉

焦袁熹

水族之巨者又有龍焉夫鼉鱷黿為類也然鼉故自成其為鼉也言水之不測者安得而不及之且水于天地間為物最巨而水所孕育之物亦有特見為巨者不惟黿也又有鼉焉黿託命于水鼉亦托命于水黿取大于水鼉尤取大于水黿之以為宮黿之所處亦尊矣而發與之雜處者鼉也既生黿何生鼉乎夫鼉之自成為鼉也亦猶黿之自成為黿也篤之以為梁黿之能事亦偉矣而與之爭能者鼉也一黿已足又益之以鼉乎夫鼉之不能不為鼉也何異黿之不能不為黿也故夫鼉之與黿似之而非也區域雖同而形氣分焉江之介海

黿鼉並稱後數原此真谷乃何以得來

之遂見有穹窿其質而以為若黿者矣則鼉也苟無是物焉則已矣

原批寫有意

有是物也而稱名之下安得不因黿而及鼉也且夫黿之有鼉愈出

而奇也族類不别而爭為長雄焉朝而潮夕而汐見有蹣跚其狀而

以為不啻若黿者矣則鼉也苟不知水中之有是物焉則亦已矣誠

言外皆水之不測

知有異物也而呼騃之情豈其于黿則見為恠而于鼉頤見為常也

略就靈字作波　從靈字生

吾聞人之言有曰靈鼉者矣而黿不聞其有是也鼉乎汝何知乎而

出

不與凡介為伍儕者其亦有自負其異者乎抑有曰神鼉者矣而黿

從神字生出

未聞其有此也鼉乎汝何能乎而共推為介屬之君長者不令人歎

為觀止矣乎嗟夫物雖跳殊于何不育陰陽陶鑄孰知其端鼉不自

意為鼉而受命而為鼉者鼉之無所逃于天也之間也鼉豈自知為

（忽然挹搏生扬奇氣清薄）

鼉而率性以為鼉者鼉之于水所以無水而天自得也鼉不可以無

（原批每意一上書知）

水而水何必于有鼉乃鼉之為物也得水而能生而水之不測也得

（脫　原批須知不自贅鼉）

鼉而愈見鼉雖黿類乎不殆與蛟龍為伍哉

寫深奇于淺淡竟使人臨撫不得　王范之

蠢題得此靈筆奇之又奇　曾諧庭

以蠢定鼉以鼉寫水并寫生物寫不測此亦人所能寫而其奇乃非人所能寫蓋百靈集于腕底矣

觀水有術　其瀾

伍斯璸

觀水者觀其瀾可知水之有本矣夫水非有本何以有是瀾乎故必觀其瀾乃以得觀水之術也而觀聖之術不可知哉且聖道之大其紛紜蕃變而莫測也是不啻支分派別而莫得其律維也然其中必有其源之所自彰焉藏之于至靜運之于至動學者苐從（使切瀾字說力可載舉）其散見觀之徒歎為浩蕩之難尋則終無以得其發源之所自吾於孔子既擬之山觀海以言其大矣夫山之高也非無所本以極於高海之廣也非無所本以極於廣聖道之大也亦非無所本以極其大然則觀之者將於何術以觀之而後有以得其易簡

之宗窺其精微之下小〻吾不禁恍然後有會於水矣一个大水其放（神韵悠然）

於百川分於萬派固散珠而可觀也然散珠者非其本其泝行於（多為瀾宗作勢）

息晝夜不舍固浩渺而可觀也然浩渺者非其本其會歸于江部

宗於海固會同而可觀也然會同者亦非其本觀水者不將若於

無術乎而不患無術也水固有瀾可觀也夫水之徽而為瀾也固

已我為侵傜我為奔放忽以急而莫傀逶以迴而成端瀾乎苟非（工於繪聲）

有不匱者以立其體惡能浩瀚瀠廻令觀者望洋而興嘆抑水之

聚而為瀾也固已莫禦其勢莫遏其机忽以曲而難容逶以容而

自湧瀾乎苟非有不竭者以裕其原惡能縈洄曲折令觀者向若

而相驚此必有本爲先以厚其所蓄而後由蓄而通可以任其瀾
之旁流而不窮不然蓄之不厚發歘者已竭其涸涸之漸也安在
曷尺退菴
而觀其瀾之廣大也此必有本爲先以深其所藏而後由藏而發
可以任其瀾之四達而不悖不然藏之不深習坎者已涸其緒緒
有任澤
之用也安在而觀其瀾之盪漾也繇斯術以往可知瀾之浩浩而
淡泊之意
騰涌也非淫乎莫得其所歸也瀾之洶洶而旋轉也非浩乎莫窮
正論齊列
其所自也天下凡物有本即觀水者可以例其餘也天下凡有本有
本即觀水者可以悟其微也此豈特爲觀水之術哉即觀聖人之
術亦不外此

筆意浩瀚排偶一六如崑崙之源一瀉千里尤愛其刻
急以急而莫遏迹以絕而成備四語幾於繪水繪聲矣杜少陵
高江急峽一聯孟襄陽氣蒸雲夢二語彷彿似之弟帳頭
註定欄字多作彼析正喻相關一氣鼓盪共體貼欄字誠有如
帳頭所評殆亦雅善形容矣　魏呈渠

觀水有

觀水有術 四句 辛開一 元

聖道入門本可即象以探之焉夫觀瀾則知水之有本也而日月之照極于容光謂非本之所在乎是則可以觀聖矣今夫聖人同乎覆載者也顧載之者不以實而以虛而覆之者亦不以隱而以顯（高明如日月經天）下之在地有出不窮上之在天無微不燭然後知聖之所以為聖當必有所以知之者而奚為望洋而驚歎也耶遊聖門者同于觀海此以言乎不可以管窺者之不可以蠡測也久矣顧擬崇高于五嶽（体慶端莊）踰之非比于邱陵而絕涯涘于九環望之或形為湍激特未[illegible]知之者[illegible]何如耳淵淵者五行之始而生生成成乎

以澈所大之精微〻〻之而何以即逵者滯其迹或未通其微也出泉為蒙〻即著瀠洄之象而作聖有功涓〻者一息之推而過往續来宛然證厥中之授受故祭之而何以不舍者失之象不若得之意也逝川發歎若鼓洋溢之機而會心斯在觀水有術必觀其瀾誠以瀾者即本之所在也夫惟其有本也是以有事于河者必先有事于惡池即其瀾之所見端也且夫先王之祭川也必先河因方為珪遇圓成璧而後海明乎本之所自出也吾聞察乎地理者當知習坎之入于淵測于天〻者又當知重明之麗乎天則夫日月所照不文可以觀聖乎而說有以為觀日月之明者必觀容光則何也明之未至

者有所及所有所不及而爝火不熄足以明夫一隅爲耳日月恒明者也得天而久照夫必其體有足以立乎地之外者而其光乃足以行乎天之中也斯亦如水之由乎中焉舟楫者有時而窮而水本無窮即駒隙之偶過而瞴眧何弗入乎照之未著者以其所不至即可量其所必至而啟明先見聊以紀夫始旦爲耳日月繼明者也並行而不悖夫必其用寔有憑乎天地之中者而其光幾莫究乎天地之外也斯亦如水之無不在焉壺勺者有時而已而水本不已即鑿壁之所通而輝耀何弗受乎容光必照謂非日月之有門斗然則門乃本之所在也而與觀水又何異乎夫惟知

模寫諦當

迴綠有情

其有本則易曰洊。可推不息之由。書曰重光共仰無疆之進而成象成能者文見其日新而不已也。

巘峙淵停之度。金和玉節之音。固是元家本色。趙錫蕃

觀水有術　汪九鼎

無術之觀即水亦不能矣夫水無術也而觀之者則有術焉舉則欲觀聖道者豈徒然哉且吾言聖道之大而極之于觀海則人之觀之者甚不可不挾術以往矣何也海委也非原也使不得其術而徒深望洋之歎非不觀乎其際乎而特其所觀者亦觀其所觀而非吾之所謂觀也則試即以水會則試即以觀水會夫水之流行于天壤也亦何異矣道之有關而無關乎川水之為水無候遠求也一曠觀焉而即得其抑水之洋溢于兩間也亦何異夫當之彌淪于無外乎則之為水本無體藉也一靜觀焉而可悟矣

而無如時時者之不可冊以紀息窮所流于海嘗而猶擇其際曰
天下之隨在各足者大概無非乎而試問其孰浮焉濟者之何以
能然也而固已從無窮無窮相網網者要不難所以觀也俯乎衆
之蕩漾以游泳其間曰天下之希覯者夫都者是乎而試問
其蕩焉漾焉者之何以為爾也而又已從然叠從來宇宙莫測之
物衡非師心者可以有權衡其方以相求則不必遐瞻遠矚而
何始何終自無不呈露于耳目之前而昭然其如揭鄉古今清渺
之端衡非物觀者可以能倚悱出其巧以相推則不必殫精竭慮
而為原為委自然不昭灼于心目之間而燦然其不爽則人之觀

批正意作法

水者豈不賴乎其術哉獨是水亦其易見者耳非若心源之難也非若道岸之莫窺也非若集大成者之不可以一望竟也欲觀則竟觀之矣而何有所謂術耶雖然蓋亦有之矣天下之水無涯

○字○之○出○解○

而觀也有涯以有涯之觀盡無涯之水則觀之不勝觀而所為無

○又批○字○南○華○妙○筆○寫○書○[illegible]○文○而○下○句

涯者如故也有術焉而無涯之旨自著于有源之中而無所匱抑

○批○字○乃○如○秋○月○之○照○寒○波○

天下之水無盡而觀也有盡以有盡之觀括無盡之水即觀之不勝觀而所為無盡者仍其觀也有術焉而有盡之中已包乎無盡之藏而無所難其術維何要不越乎觀瀾者是徵根于瀾乃知夫水之大也觀其大不可以悟其有本哉而聖人之[illegible][illegible]可知矣

今文小題發蒙　下孟　觀水有術

空壘蟠變于題位以遲滯要立欲集且滿覺避難順手斷何況

流瀉

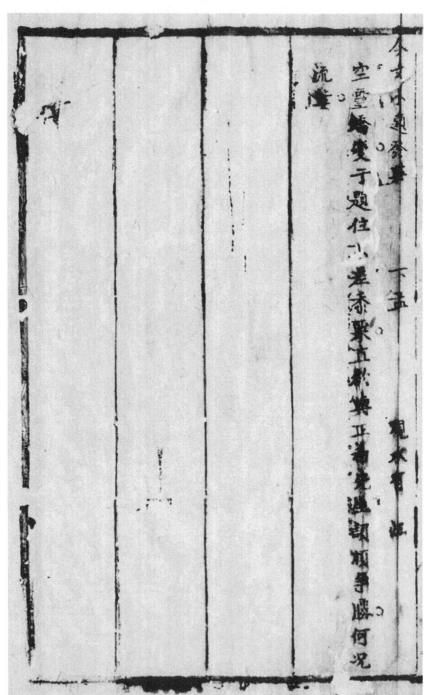

觀水有術　二節

福建高太宗師科進
莆田縣學第一名　林時亮　采臣

明聖道之有本而學之者必貴以漸也夫聖道豈無本而能大哉此其說猶夫觀水與日月矣彼志乎道者必不容以躐達也明甚今夫聖人之道之大使非有其所以大則彼從事于此者亦不難任其一（全題振動）蹴而自至矣抑知道之體量無方要必有所縕蓄而後見其發之甚大此不難比類而通之明乎此而學人之掾修當必有循循以進而不得急遽求之也已吾形孔子之道大如此顧不善尊聖道者徒共震于其大共震于其大則道隱彼冒昧以求者宜其罔識所殫力矣（承上龍下氣清神爽）而善尊聖道者必實體其所由大實體其所由大則道著彼黽勉以圖者宜其自悟所致功矣然則聖道之大豈徒大已哉有本故也吾

求其說而不得則何不即觀海之說而通之于觀水且不第通于觀（洪景一綫失而點題輕重俱有分寸）水而并可通于觀日月令夫觀水者將欲窮乎水之所自出也苟徒逐逐焉以相觀是雖日觀水不如其不觀水也何則無術故也有術焉其溢之甚盛者乃其蓄之不窮也而瀾之有本觀水者可以領其（隨手皆成妙諦）致觀日月者將欲察乎日月之所自著也苟徒貿貿焉以相觀是雖觀日月終不知其爲日月也何則以未喻其所以明故也有所以明焉其燭而靡遺者乃其體之常貞也而明之有本觀日月者可以會其微而謂知道之大而有本不如是乎夫聖道既大而有本則志乎（接出聖道最得机勢）（將下句倒捲而入遂覺通）行行者必非苟焉而已也乃或者不察謂道亦何常之有吾追以求之而道遂可以旦夕至也吾強而致之而道遂不難倏頓得也嗚乎是（條普靈可悟行文妙訣）

豈天下果有可以驟達之道哉則盡仍借觀于流水夫流水之爲物
（靈心敏手直如每尾一串）
也固日見其行矣然不盈科則不行而何疑于君子之志於道哉君
（蕭疏古宕）
子望聖人之大道當必自底于精從期其達乎曰期其達矣然而非
無因而達也必也博之于詩書之林歷之于名象之內日積月累爍
（達字說得精徹此正聖人源本處）
然自成其輝光焉由是精義以入神窮神以知化何其適進而靡窮
（恰肖題面）
也否則無漫言達也君子纂聖人之大道當必不安于小就終得其
達乎曰終得其達矣然而猶未可以即達也必也體之于日用之間
（俱用成語何等確切）
措之于行習之際朝乾夕惕炳然自成其有耀焉由是賢可以希聖
聖可以希天何其馴致而無難也否則無輕言達也不成章不達君
子之志道必以漸也豈非以聖道大而有本之故哉學者苟知聖道

之大必由於有本而勿躐等以圖焉則幾矣○

高太宗師原評

處有足此通彼之義曲〻寫出機洽而神流

起承上節籠罩全題中講水與日月只渾〻還他此體使人有言

外之思便接出聖道斷入末節法脉井然有千兵萬馬風恬雨霽

寂無人聲作者之能事盡矣　師丘贊玉評

艾東鄉云凡句字求尖新者必至于不雅不文不成句由其所事

者未也作文須善看書工布局則脉絡不紊步驟有序然後得擒

縱如意李文饒所謂川流迅激必有廻伏逶迤令觀者不厭讀來

臣文知寄園二先生所以造就後學者盡在斯矣　同學朱爾家評

聖道大而有本大可名也本不可得而名也故借水與日月以想像之知水與日月之本則聖道之本可會矣學者識得箇本須從成章處着工夫此即下學而上達之旨也是題猶詩之有比與賦主裁然而綴合要打成一片非於理致爛熟心手閒斂安能馭題如風轉局如丸想見揮毫之樂事　叔祖浣亭評

上節言聖道之有本下節言學聖之有漸上節猶詩之比體下節猶詩之與體正意喻意極難紐合無迹作者寫得如羅浮兩峯風雨合離令人不能測其變幻采臣年甫九歲輙爲張邑尊拔取冠軍以奇童目之今歲與昌君次韓黄君德輿同在寄園小軒互相砥礪

太宗師榜發次韓采臣俱列首名德叟名列第二吾黨快為盛事倘
集努力棘闈諸子聯翩而起庶無負邇庵吾師教育之功可也
同學兄公謚評
觀水

觀水有術 二句　邵廷棟

水以大而有本觀瀾而可悟焉夫瀾非即本也而非瀾何以知本
孟子故示人以觀水之術而必於其瀾也乎以為天下何事不有
其本亦何事可泛然而觀也夫水無心而不競似乎觀之者可任
我意之所期而不必擇一術以從事矣抑知奔騰之勢自有由來
湍急之形非無其故惟在人無泛觀焉斯知有本者固如是耳如
遊聖門者難為言猶之觀於海者難為水矣顧猶是水也何以海
獨浩浩湯湯橫無際涯舉天下之水皆不能與之並量[illegible][illegible]觀哉
非以有本故哉有本而觀於者苟非探其理而得其要則

身依澤畔莫由溯並之源抑水即有本而觀水者未竟因其端而竟其委且目眩中流安所窺會歸之地蓋觀水者固有其術也今夫浩瀚汪洋而波流瀠洄者非所謂瀾也耶誠能於瀾觀之將由其所通推其所蓄洄洄然其來有自也滔滔然其往靡窮也蓋頃洪騰之際實有一元迴合之機而望浩淼以無涯自識驚濤之湧起更即其所發究其所藏淵淵乎其深莫測也混混乎其出不舍也洪波洋溢之狀即屬瑩和菁藻之精而遡長波於一色昏滉濁浪之排空蓋水之無本者不難待之立涸何能紆迴而罔極委折而彌長是瀾正本之所在也故忽觀於此始知古今來積之既

深者斯溲之自遠而川瀆充周斷無〻本而可為不涸之藏水之無本者必且出之易匱何能不滯乎其機迭乘乎其運是瀾又本之見端也故必觀於此始知天壤間備之甚久者斯流之愈長而江湖漫衍決無〻本而可為不匱之藏非然者有原之水歷晦明而無一息之停雖明示人以可知而觀之者第覺浩乎莫識其津涯也茫乎莫知其畔岸也何以知其有本哉則甚矣觀水之術必觀其瀾也而要道之大而有本不亦悠然其可會歟

（入、行、收微瀾處）

神姿清澈机法湊拍那無淟濁之態斷蕙種

觀水有術　四句

夏乾源　十一名

擬聖道之有本、可合水與日月並觀也。夫水之有瀾、惟其有本也。日月無不照、亦明之有本也。聖道之大、不可以是並擬之與。且宇宙寥廓之區、吾人俯仰上下、誠皇然大觀也。在昔聖人畫卦、於習坎重離有特義焉。坎者陷也、故曰水洊至。離者麗也、故曰日月麗乎天。要其至有所以至、而麗有所以麗者也。吾得統言之曰有本、如吾於聖道之大、而極擬其詞曰、觀於海者難爲水、因也。然勿謂水不只觀也。夫三王之祭川也、皆先河而後海。其發源於崑崙、經委折而入於中。瀚靡涯、有未能究其自始者矣。吾非即是以

新科墨[illegible]

言本夕而弟泛論之而指其觀之有術則夫清流縈於幽含映帶之姿以折瀠洄靜抱中和之氣安而不驚亦往而如復其瀾也是即其本可泝也夫左之右之環聖居者洙與泗廣矣永矣濯聖心（語無泛設）者漢與江而觀之要無取乎其過泥以水為觀即以觀瀾為術惟揆乎此以窺其淵泉溥博之神知時出焉而不窮逝者大抵如斯乎故川流之不舍晝夜不啻與日月並其升恒則有本端在此耳（草蛇灰綫之筆）夫然日月並有可觀也夫日月之代明也入於地而登於天其精（咦然而接）於陰陽分晝夜而臨於率土往來迭嬗而有本之明生焉矣而吾亦正取其有本也惟就其明無不照而遂得觀之之術則夫[illegible]

江直

廿一

自東〻〻昭無遠弗屆之德下土是冐者無微不入之奇詎取乎靈

處之視聽將爲牖中之窺容光必照也郎其有本可推也雖日中

文淵壯闊

則昃不無消息之緣月盈則虧自有盛衰之故而其明終於莫可

揜以明爲观郎以观容光爲術惟操乎此以測懸象著明之大知

普照焉而無偏明者識有如是乎故日月之經於天亦猶江河之

行乎地其有本殆無殊耳是則观瀾郎知水之有本观容光必照

郎知明之有本所以吾人俯仰宇宙間水與日月皆大观也一皆

天地之蘊也而何不可擬聖人之蘊也哉

總歸聖人之道

六句渾樸而[illegible]句稱遻皆緯以雋巧之思此殆所謂端在雜

流覽　有趙錫

觀水有術　一節　　許琰

即凡有本者以言本聖道非徒大也夫水何以有瀾日月何以能照是必有因然矣聖道之本不從可悟耶且吾於聖人之道既推極於其大矣然使不原其大之所由然窮其大之所從出則不得其所以大之故而徒震而驚為侈然大也苟為無本吾何以觀之哉則且即觀海者而問之水之大且深也其波濤洶湧狂流汪洋具奔騰澎湃之勢湍悉而莫之禦也是名為瀾若觀之乎二不寧惟水而亦觀夫日與月乎日生於東月生於西下土之相去不知其幾萬里也而偶之際一所之韡無不麗而入之所謂容光必照非耶夫逝者如斯

（承脈　神來　觀其所以　就水出日月安置極穩　以後並說又）

未嘗往也照臨者如彼而卒莫消長也是豈瀾之為乎抑有所以致此瀾而不僅瀾之為乎是豈照之能乎抑有所以生此照而不僅照之能乎人之觀水謂水之尽於瀾乎抑觀水必於其瀾而因瀾可以想悟乎人於日月謂日月惟在於照乎抑日月必有所照而因照可以會心乎且夫水非有意於為瀾也日月非有心於畀照也藏之也深蓄之也裕根之也厚蘊之也久瀾非徒瀾源遠者瀾自壯照非徒照明極者光自耀有本者如是夫下事大抵皆然矣而何疑聖道哉不知其体觀其用極位育之全功退藏不出一性之内不知其積覩其發酬變化之萬殊要歸不過一理之中自非然者纂聖道之大而

柱穩　指点活机總合宗旨

安对題句字穩妥筆後斧鑿痕

泛而求之共見之地而不知此中有本焉是無源之瀾〻且立枯無明之照〻且立息而猶瀾〻為能觀也吾未見其術之得也

得心應手不假造作殆聖神天巧還圖成規過方成矩者耶陳學師原評

題字最難安頓調對幹旋稍有痕迹便覺補綴不成片段矣文字字明剔却字〻穩妥米袖第三石玲瓏天然固非斧鑿所及一雷貫

觀水有術必觀其瀾

許開基

於水之大者而知其有本則觀道亦必有術矣夫觀水不于其瀾何以知水之大而有本乎是術也可以觀道矣且夫先河而後海者以為或源也或委也務本之謂也乃求源于源固微而莫可測矣即求源於委亦泛而失所歸矣惟于自源之委之處求之吾雖不及見水之源然而知水之必將有本也夫天下孰是大而無本者哉流于動者非本也而定于靜者乃其本靜則其朕未兆矣夫孰從而窺之有術焉不觀至動者之不窮何由知至靜者之有原歟于淺者非本也而以于深者乃其本深則其蘊難窺大大孰從

而觀之有術焉不觀夫露者之浩瀚何由知中涵者之淵深然則
觀水者合觀于其瀾而寧有他術乎其忽聚而忽散者水之性也
故當其散也但見其支分而派別欲探其滙聚之區而無從耳而
不見夫瀾乎以為聚而未嘗不散也以為散而又未嘗不聚也萬
烱波激宕
照精
壑之爭流忽於此而一會其歸斯誠天下之大觀也而澄之不清
鄙出有本
淆之不濁于以嘆一源之所翕聚者弘矣其往過而來續者水之
勢也故當其往也但見其倏逝而不留欲測其從來之所自不得
耳而不見夫瀾乎以為往而若不遽往也以為來而若不遽來也
更幻更嶮
晝夜之不舍竟于此有一息之停此亦古今之大觀也而望之無

涯極之無際于以漠一源之所由來者遠矣大抵自上而下者其勢順自下而上者其勢逆瀾固水之自下而上者也逆斯怒矣觸以所怒而波激自生望洋者愈增浩渺之觀耳試觀尺澤潰汙杳無興波之象則知此混混者其中有甚異者也夫豈無傾注於此者乎大抵由分而合者其勢緩由合而分者其勢急瀾固水之由合而將分者也急斯驚矣投之以驚而奔騰自奮臨流者愈多澎湃之觀耳試觀行潦淺隘寂無漣漪之致則知此滴滴者其中有無盡者也夫豈無吞吐于是者乎水固不能無端而為瀾也觀水者所以有窮源之術也水亦第能示人以瀾也觀水者所以有探

本之術也。蓋大而有本。當作如是觀矣。

刻劃瀾字。繪水有聲。其文章之化工耶。極真極細之文。筆勢乃爾騰躍。方城而後。吾見亦罕矣。　王子京

煙波萬叠瑩悟四飛。鞭風駕霆。疑有神助。　沈民濟

因瀾而知水之有本。吞吐激注。直探泉源。此孫知微所作輪瀉跳盪勢也。若是寫瀾字。綴極工緻。要只成董咸死水。　徐邦政

淋漓噴薄。有黃河落天走東海氣象。　祝季星

觀水有

觀水有術　一節　陳其嵩

聖道之有本也可俯仰而得之矣夫水之瀾日月之照非即本之所在也而本即于此見也又何疑于聖道之有本哉且吾聖道有本非徒泛而驚之於浩博也而必有以原其所從出之地而從出之地又無形之可見則亦仍即其浩博者而遡而瀾之窺而尋之以得其大本之所在而已矣剩試仍觀之于水今夫水之有本也決人而知之也而求之于汪洋浩瀚之區則且茫乎不知其畔岸者乎不知其津涯脩矣以測其發源之所在惜也不講于觀水之學也且吾非謂水之瀾即水之本也蓋當其夫分派別而後然[illegible]

自有此樹醒

有未科小題粹

川止而流開其勢緩而其致乎初何所鬱而旋繞而其不滯不竭之
淵字微出如許精采
繞者必其當而始通者也所備既停而迫不及留自不勝其紆之
而相激矣為地無多而溢而四出自不覺其縈洄而不定任則之
粹乎無根散乎無際者孰非此涓涓然而來者為之相衍于不竭哉
只提一筆
而聖人之道之藏于至深因流以溯源者亦從可知矣且夫孔子
就水落至日月有致
之聽其不窮如江河之行地者亦且如日月之經天則試更觀之
日月今夫日月之有本也亦夫人而知之也而求之于然而著明
之際則且遙望其中而惶然博觀其外而駭然將奚以測其精華
之所蘊惜也不講于日月之明也且吾非謂容光必照即日月之

本也。蓋自兩儀奠定以來。或生于東。或生于西。仰其出而聽其終。于是推及于微渺。而不知其不遺于微渺者。必其積之有素者也。不必以分給而有際。即揆可因散而得其聚。于[illegible]。[illegible]必在[illegible]。相應而無間。不入可由分而得其合者矣。則夫龐乎中天。冒乎下土者。孰非此旁礴無疆者為之相運于不窮哉。而聖人之道之寓于至精。由用以思體者。亦從可觀矣。天下而有志于道者乎。則吾且更與之觀于水。

筆流轉

觀瀾所以見水之有本。容光所以見日月之有本。文中實能[illegible]其然意體流轉。亦有風水相遭之妙。寶菴

丁未科

觀水有術

浙江帥宗師科入
嘉善縣學八名　蔡以墫

水有所以大觀者當無失其術焉夫觀水必于其大而要有所以大者觀之可無其術哉嘗思聖道流于宇宙其猶坎德行于地中乎彼滔滔之鼓動浩淼無窮而晝夜不舍故人或望洋而驚或臨流而嘆是觀之者有人得乎觀之之法而不爽其觀者正未有人也今夫水潑而為淵道而為川豬而為澤趨而為瀆以至會而為海而水之大觀在是矣將分而觀之則此亦一水彼亦一水觀海亦不過觀水也而觀之者但覺其浩浩之莫測將合而觀之則彼水無異于此水此水無異于彼水觀水亦猶之觀海也而觀之者

誰識其本原之靈長乎夫水無定者也而無定之水自有一定者以涵之耳惟其涵之也有定而因是無定者愈不覺其無定倘觀者遂于無定而浩乎湯乎縱擬議而難盡我謂其觀之未嘗也一水又有定者也而有定之水即有無定者以散之且惟其散之也無定而因是有定者愈不見為有定倘觀者觀于有定而深乎汨乎每尋求而愈杳我謂其觀之未嘗也曰有術在不得其術而何以觀也天下之事得其觀之乎法即舉至變者而凝而注之無可遁我觀者非適之無可適也以觀之者自得其法耳不然即于諦視之餘而忽皆之曰是矣而已非是矣故觀彼清漣殊動我以循求

（故作洪瀾蒙莊生境）

（如類縮住）

之意天下之事不得其觀之了要即舉不變者而即而望之反易

二比○一○意○反○覆○筆

濟我觀者非濟之果可濟也以觀之者自失其要耳不然即于還

○盼○矯○變

睇之下而忽指之曰是矣而果無不是矣故瞻彼汪洋自宜審其

至要之圖一水有大有小得其術而大者見其所以大即小而亦以

知其大迹求者即以心會一水有原有委得其術而原者知其所竟

委者知其所由目送者旋以神通一不然雖觀猶弗觀也我何樂乎

有是觀

清機徐引妙緒紛來不得以機致勝也而少之尚卣寄云云莊

一冊邵書院會課之作力趨時好下筆千言然於少時性靈一反

有矯揉之病。固未改以新聞舊也。○張開三

觀水有蔡

觀水有術　一節

江蘇法學院歲入　繆　璆
無錫縣學第三

聖道有本即觀水與日月可悟也蓋水之瀾有自而日月之照有
由此觀之不可以無術也而况聖道之大乎哉孟子：道必大
以為世有聖人而德澤不窮者道之浩乎無涯也自他有耀者道
之爛乎無疆也大哉其蔑以加矣然吾謂但識其大而不深原其
所以大猶屬蠡測管窺之見而無當乎觀聖之術也蓋聖道之大
固有其本在焉今第從其大而論則登岱宗而去諸海終無以識
聖道之歸雖從其本而求則濯江漢而暴秋陽始有以窺聖人之
蘊竊嘗謂皆夫洪濤之際巨浸之區有時而襄陵山岳之震

藏有時而滔天則日月迴之陸觀不禁慨焉興曰大哉瀾乎不觀一
於此孰知其源之深且遠乎雖我孔子集群聖之大成繼斯文之
淵堅障百川而東之迴狂瀾於既倒道之大蓋於一水之流本觀
可參雖欲聖道之淵然無盡固與江河比德而聖道之臨乎莫尚
光與日月爭光蓋聖人雖沒而聖道常昭一日月之代明於晝夜
之螢者雖將其末光而照臨終莫之與並一日月之獨明於中天
也則請更以日月辨彼其具照灼之體而萬象莫能逃即一泉之
微而一曜無不及容光必照惟日月之明為之要未有明之不足而
能照者則欲知日月亦即觀水之術通之可也汪洋浩大之觀

矣起二比相配

莫非一源之所積重離復旦之象何莫非本體之所呈也哉乃知

收拾全題將正翻說得分乳交出非浮游蔓衍尽致

聖人之道正不知其畔岸而非徒遠也煥乎莫掩其光華而不

源頭也故四海而彼四表於本原無所加息波湍而然休光亦於

亦無所損水也日月也孔子也一本之所為充溢也則夫不察江

河之所以流日月之所以照而徒嘆門墻之峻者彼究未知觀聖

發清晰脈

之術又奚惟其適然望洋驚沮欲一炙其餘光而不可得耶

上截本在言外下截本在句中題體頗猶濟流之有伏有見故

只上下截做為要知必欲做成弘人而對即不免抽添橋斷矣

辨矣文之皮瀾篇法充輝發越更與循字接合入竹恐非背题

璆試四集　繆　觀水有

瑯林四集

若天評　劉學存

不淺入，然觀語不添入題外語，本等疏明，絕無蒙混，前遞後逗

力大氣權　黃儒醇

親水六

繆

觀於海者難為水

浙江張撫軍會課　海寧一名　范瑜

見之大而天下皆小、觀海其一徵矣、夫何莫非水、而不若海之大也、則觀于海而凡水皆小矣、曾足以當其一觀乎哉、今夫人所見（句句空句句切）之大小豈有定乎方其目力之未廣且沾沾焉執拘墟之見、而不禁觀止之歎然苟極天下之大觀而前此之拘于墟者方存乎見少也、又奚以自多哉吾故由孔子之觀天下思天下之觀孔子而知于山見東山泰山之高者即于水見海之大也則試易登山者（映合聖人）而通之觀海自海而論原不欲加乎衆水也設今海之外有茫乎無岸與海並其汪洋之勢者海亦不以禁也然而水至海而莫大焉自水而論原非必自絶于海也設令水之中有浩乎無涯與海同其澎湃之雄者水亦自是多也然而水視海而已小也惜也世鮮觀于海者耳誠一觀于海不自料難為水矣乎以水之衆流三千也其微者不可勝数然亦有挾九川之勝而駭浪之排空驚濤之眩目若欲自為一海焉而一自觀于海者視之則凡所謂驚濤駭浪者皆微波也蓋自有海而水外若無水也雖有九川不啻涓涘矣以水之名川三百也其鉅者亦何可勝計然更有擁四瀆之奇而洪波之浴日巨浸之稽天若欲爭勝于海焉而一自觀于海者視之則凡所謂稽天浴日者皆細流也蓋自觀海而外與皆無足

快合群言百家角立大率類此

雖為奇醒

賢人以下見道在言者亦猶是

觀於海者難為水（孟子）　范瑜

觀也即有四瀆無異行潦矣且夫未之望洋也而驟而目擊夫水

世無聖人邪

則其情必驚然吾知其不足驚也今使無尾閭之墟以洩夫百川

說橫議未知何所底止耳

則逆行横流之紛將肆出而不知所止幸有海以納之而水始得所歸耳顧欲逞百川之狂瀾以驚人之耳目也觀海者有不笑其誣也哉未之向若也而忽焉憑眺夫水則其情人必喜然吾知其不足喜也今使挹漢瀲之微以注之萬壑則分流異派之下浸成

唐宋諸大儒者皆言之緒餘

為丘川而不可禦設欲合衆水以敵海而海終莫與並矣顧或覺萬壑之支流而遂洋洋乎自喜也觀海者不且笑其所見之陋哉然則群言之中有海焉是在遊于聖門者

本朝考卷小題振秀集　觀于海

文瀾壯濶波致縈洄恰稱此題可與元虛爭勝　田梅輿

觀遠臣以其所主（孟子）　陸師

觀遠臣以其所主　陸師

即近以知遠觀遠臣之一道也蓋遠臣不可知其所主則可知不知其人觀其所主者有不以類相從者乎嘗謂仕宦之途至今日而大雜矣古者士有越國之嫌臣無境外之交仕于國中者非其公族即勳戚也自求賢者借才于異國而擇之者羈旅于他邦于是始有舍其近而求諸遠者四方之徒咸奔走焉其所從來亦多不可知此觀遠臣之難難于觀近臣也而以吾所聞則無難其有不得已而遠者如敬仲之奔也以難伍奢之子也以讒心跡固昭然也外此而欵門楼足常借楚材晉用之説以自明其可用而賢否乃道[illegible]有大數

而遠者如黑肱之來奔也以地慶封之奔吳也以遜詒名曰洞悉也外比而邦闕請謁時許骨肉腹心之言以自白其無他而瑕瑜莫辯然而有其所主焉是可以觀矣凡人之信遠臣也嘗不如其信所主以此暫而彼永也究之暫者永之招也安有立談之間而輕為之傳食哉其與所主者必有握手平生之舊而由是而薦于君由是而交于諸大夫皆其人為之先容也薰與猶不同器是而人之行以一人卜之矣人之疑遠臣也亦或並疑其所主以一外而一內也究之內者外之援也第有傾蓋之交而漫容其息駕哉其與遠臣必有緩急依之雅而由是而道其氏族由是而播其聲施皆所主為之媒

觀遠臣以其所主（孟子）　陸師

妍與媸不並立是數人之行並以一人定之矣豈無事介介若
予亦有急不擇蔭之時小人亦有傾附末光之想然而萍蹤之遇偶（精刻不）
合必離以其性情意氣各為一途也況夫所主者之愛遠人也常不
如其自愛也所主賢固惡小人之累己所主不賢亦憚正人之規己
身先自擇也而觀者即從而擇焉自不勞而得耳亦有中途改錯其
善者或以凶終而惡者因以易轍然而漸染之成（更確）百不待一以其異
同離合先授之際也況夫遠臣之擇所主也常由乎其自擇也遠臣
賢固樂同道之相從遠臣不賢亦喜同俗之相濟夫非自別也而觀
者即從而別焉自安坐畢照耳而謂癰疽侍人孔子肯是言乎

不自遠臣論起。沒講主賓。乃是兩句公共文。以此求異。而情詞亦復斐然。王弘月。

看破諸家合併。胸中涇渭分明。就題起義。脈脈有眼。

觀遠臣　陸

觀遠臣以其所主

江南鄭宗師歲試
青浦一等三名　陳麟詩

觀遠臣於近臣。遠而非遠也。蓋遠則不可知。而所主之近臣則可知也。觀遠臣之道在乎此。且天下惟平昔聚處之人。斯易知耳。若遠邇異。儻有渺不相識者矣。顧不相識者自有相識者以與之合。則以已用之人才律觀臣之動靜。自有百不失一者。知乎此。可以得觀遠臣之道焉。蓋遠臣則地遠勢遠分遠。而且情遠。夫以不常親之地處易疏之勢。與難撥之分。而又重之以不可測之情。雖欲觀之。其孰從而觀之。夢卜之旁求。尚儀圖形以肖之。而載贄而來者。犯軒皮革藏。自今上國之選一功臣之枚卜。猶待再三以知之。況

（旁批）方華○斂○遊○夢　樊察○而○入○觀○筆○隨○書

羈旅而處者南金竹箭誰識為畢地之良一覩之識雖言矣然而有

無聯者歷州而相主南北東西凮無地不可以來遊乃欽関而請

謁願而晨昏豈因人即可以投足一蓋有其所主在此邦之人豈無

出得有力

莫我肯顧者而獨有人焉與為繾綣與為綢繆一朝握手若有相

見恨晚之情一彼都人士亦有棄之如遺者而此一人也牆其姓氏

熟其里居揚榘當從弄有左右先容之華一叢陳者容之切內者外

韻雅段落入古

之援主者賓之資近者處之附其平日之砥行立名俱未可究而

獨覩其顏言投契者衣冠法物為當代所羣翔推重之人則察微

者邑縣許之蓋偶爾之依棲聊以訂終身譜諸與嗟跋餘賁邊地

○友○府○有○來

矣而不然者有招之不來已矣即一時之稱仁誦義猶未可憑而矜觀其望門投止者家声與業為衆世所目為典型之人則默相知○蹇○宮○人○抑○有○三○起○三○眠○之○歎有已心折之義情宿之淹留即以小出處譬若同舟其與不共濟矣而不然者有魔之使去已矣夫去國依依不忍翻高而和寡行蹤落落雖曰遷地而弗良若孔子遠臣也使所主非人是觀遠臣不必以其所主矣吾蓋未之前聞

撫境宛然點綴如畫莫愁前路無知己天下誰人不識君足為遠人生色矣　姚平山

遠臣正與下孔子相應所主正與下癰疽瘠環相應紮在本題

本科考卷次編 叢書 觀嘆目取

只是從翰硯人之決文武縱遊臣看華藏龍新[illegible]壽筆無一規

入通泰靜情致亦發裝縋張筱姿

八角通大長詩

月

雪裡漁翁眠

六月曬鹽邊缺鹵三冬雪裡漁翁櫻它不對寒影乎收掌查

中

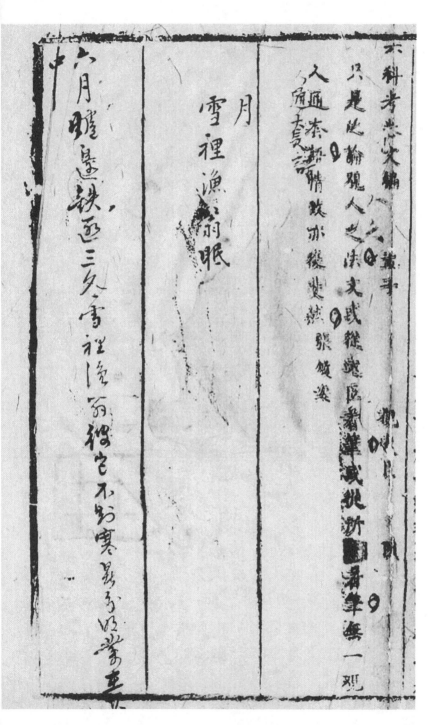

鑿斯池也

國非徒恃乎池也、而先謀所以鑿焉、夫國必有池、而無以鑿之、則先失其所恃矣、故策滕者首及此、且為國者固自有無形之險焉、而區區川澤之險、則猶其有形者也。然讀大易習坎之文、而知區區之川澤雖猶是城險之偽乎、然亦王公之所設以衛國者也、而築何棄此而先失之也、則試為滕進策乎、以封爵之始言之、則帶河與礪山並誓、以固圉之計論之、則深溝與高壘並重、若是乎國所憑依、將在池矣。然畏者楚之殲宋也、濟泓而殲焉、齊之敗魯也、涉泗而進焉、嗚呼、若泓若泗、夫獨非宋與魯之險乎哉、而齊楚之師且方之舟之泳之

（借齊楚生波）

上孟

濟之以爭勝于水濱毋亦未嘗鑿之故乎此故夫滕必有池也而池不可不鑿也將欲渡清河涉渤海以抗衡于東國而必不能也然有斯池在滕若為東西之界矣而既淪未施坐使五家之兵絳舟而浮于斯也誰之過歟將欲泝江漢浮沱濟以爭長于南服而又不能也然有斯池在猶足為南北之限矣而決排未力坐使七繹之雄飲馬而至于斯也悔已晚矣吾不敢知曰洞庭之廣三苗可以長恃也而況于滕并非有洞庭之廣也蓋不啻涔池矣然果其鑿之將池若蹊而深即有欲壅而決之以閉吾圉者而其勢或有所甚難吾不敢知曰大河之阻設率可以長保也而況于滕并非有大河之阻也蓋無

異濱池矣然苟其鑿之將池若增而廣即有欲潛而涉之以破吾師者而其計窮有所不行寬悉索之敝賦以從事于畎澮而我泉我池（從事亦非事楚說來）亦聊以絕夫順流之渡息朝夕之奔命以用力于川津而湯池百步差可以擬于不測之谿幸而敵人式好不復為投鞭之斷而靜影沉（生發俱能切題）壁將與斯池而俱永者緊惟鑿之功不幸而戎心叵測忽欲來飛渡之軍而濟河焚舟將依斯池以無恐者亦惟鑿之力不然而池之不鑿彼齊楚之師係無徑涉以至于城下者而始為背城之戰焉尚何及乎

先輩論單句題用詞起意俱要切着本題不可移易上下文去方

王介眉

為得法、圓處、切題生發、而其雅鍊之筆尤非讀書人、不能有

此〇江武曹夫子

上孟

鑿斯池也築斯城也

稽之禮運大人世及以為禮城郭溝池以為固而知池與城王公設（識論有本）險以固其國者也勢處弱小雖不能如強大之國有金湯之險百二之雄而湫菸僻壤亦必有所藉以圖存者聊為自全之計知立國之謀恃乎人不如其恃諸己矣昔滕文尚事齊事楚之謀孟子告以自固之策而曰鑿斯池也築斯城也請申其旨夫戰國之諸侯孰不恃城池以為固哉無論秦以巴蜀漢中而長諸侯晉以表裏河山而雄列服即如楚國方城以為城（借上生波）漢水以為池齊國渤海以為池臨淄以為城其富殷甲天下時逞其雄心以兼并蠶食此誠不可與爭鋒然

滕雖小豈必無城池之可憑藉乎顧滕有池雖不能深溝以為險而
河水洋洋亦足以限戎馬之足而奈何不謀所以鑿之也滕有城雖
不若天塹以為壯而備城仡仡亦足以阻臨衝之鋭而奈何勿謀所
以築之也不鑿吾池而曰敵可投鞭而渡也池不任咎也不築吾城
翻到鑿築
而曰敵可拔幟而登也城不任咎也而說者謂滕若彈丸之勢如危卵
又翻雖鑿築亦不能自固
欲鑿吾池顧池未鑿而齊楚興兵搆難且將飲馬于河而問諸水濱
也將若之何欲築吾城顧城未築而齊楚興師壓境行見環之至匝
而守陴無策也將若之何以小國而為自全之計適以啓強大之疑
若是乎鑿池築城之謀不幾迂濶而非完策也哉雖然莫以鑿之築

之為迂也。以玉帛之幣為土木之費。以犧牲之用為供億之用。以奉冕帶祀春秋之人為趨事赴功之人。將不日而滕之池淡淡乎其深矣。滕之城言言乎其高矣。有池而敵來不能渡。有城而寇來不能上。滕不居然一重鎮哉。而且內修政事。外親與國。結民之心。用民之力。守而勿去。設有強大之國。侵我城隍。而倉葛一呼。可以却霸主。智罃雖怒。豈能過晉陽哉。齊楚雖大。奚畏焉。

翻法陪法襯法無不畢備點染處涉筆成趣是為餘事

築斯城也

余祖訓

城所以圍國也，築之不容緩矣。夫國之所恃者城耳，苟不之築，何以自固哉？此孟子所以爲滕謀也。且夫國之所恃以無恐者，豈第池而已哉？深溝必先之以高壘，實塹必先之以實墉，若是乎城也者，固與池而並設，即當與池而並重者也。吾請得于鑿斯池之外，又進一說曰：築斯城也，非必有天府之雄，非必據上游之勢，而繼長增高，亦足以扞牧圉，非必稱九州之險，非必有千里之形，而百堵皆興，亦足以爲重閉。恃陋而不備，亂恐以爲大國之資。設異日者邊陲告警，而竟之外邪，決旨之潰，豈有止也？既不能擇地而安，又不能憑城而固，其

二股映射十分高超案寧極有步驟

孟子

補

女此敵讐首迴城小而不固又無以示門庭之衛設異日者四郊多
壘而城門不閉出巷之卜其何及也既不能登陴以禦又不能防門
而整其如此侵軼者何然則斯城也而可以不築哉雖背城之借未
可以遮國而保城固不可以無備也為之平其版榦稱其畚築程其
土物略其基址三旬之糧亦可以不繼于秦矣雖城下之盟或未可
以倖免而危城非所恃以久安也為之正其疆場險其走集明其伍
候慎其四竟百雉之城亦可以無畏不虞矣蓋夫方城之險中于天
下臨淄之勝峙于山東而以斯城介乎其中鄙使登之相應亦覺其
有枳棘之形然營丘城惡卒為楚俘薛城不固將為齊築既有斯城

孟子

滕乎其中苟非言之屹立將何以樹封疆之固況乎城耶城衛薛已久無分災救患之心滕不自築而誰為築哉城陳蔡城不羨楚亦久有并吞蠶食之意滕不能自為築竊恐其又為人築矣若其圖之

覩築字更出意表

引用故實觸手紛來無不典切入後從築字翻出兩意盡警更自無匹

築斯城　余

鑿斯池也　二句

汪中鵬

兩為滕謀皆出于不得已也夫滕雖小其城池自若也鑿之築之
亦曰聊固我圉云耳且人主不思設險以圖存而但欲得一強者
而托庇焉斯其計亦已疎矣夫大國而修攻伐之器則小國亦有
捍禦之方此固世之所必然者爾彼勇夫重閉也而況國乎吾試
為君脩一籌焉凡國之有池以為襟帶也昔者豐渭揚波著西都
之盛澗瀍墨食大東土之成壯茲形勢豈非因河為津乎夫深溝

洙水在魯城北　彭水在新城邑號縣

是以限戎馬之足故後洙圖禦齊之策涉彭興伐楚之謀臨深者
非必湯池百步而後可以卻敵也今滕亦業有池矣夫齊恃清河

一字不放過

以為勝楚矜江漢以為雄而君之池顧如斯焉不亦一葦可杭乎

其鑿之也雖決汾灌趙僅不浸于三版池非不深而適足為患然

切池　所以

勝豈晉陽比乎益而深之周氏之汪不嘗覆子瑕之駕乎即天塹

必須與民守之　風利不得泊

難憑順流者自可投鞭飛渡而戎馬在郊阻以一水則亦若無津

緊意不到　本五代史

涯也刻半涉足乘哉不然而負芻堙矣溝已踰于三刻而乃始恨

纔後對仗俱本裴江南賦

其無涯岍之阻也固已晚矣即國之有城以為屏翰也昔者公劉

陟巘睇溥原以覩京師衛燬廬漕徙楚丘而收餘燼限以疆圉豈

天然對仗

銜戣華為城乎夫高壘可以挑甲兵之銳故侵蔡襲楚齊侯反戚

對工

歷于召陵易子析骸楚師亦糧盡于雎陽居高者必非石城十仞

而後可以威戎也今滕亦業有城矣夫齊喪平陰且止偽于鄆棠楚亡鄖郢用保路于郫洩而君之城僅如斯焉不亦一鼓可登乎

文勢如浮層九級層層益上

其築之也雖懼吳城郢不若慎其四竟城非不高而終歸無益然滕豈郢中等乎增而高之莒城之惡何至深巫臣之慮乎即高墉

層層轉一轉一轉意猶見先輩神力

非險讓登者且將周麾賈勇而甲兵壓境恃此百雉則亦聊為保

反收更有力

障也㓹焚衝可禦哉不然而蝥弧登矣幟已樹于中壁而乃自悔其無藩籬之固也抑又晚矣鑿之築之美哉[illegible]力吾又恐烏烏之聲樂也則又為君賦無衣之章矣

腹有詩書氣自華　朱鳳山先生　直向而比灑灑洋洋

其于古也惟所取材而一以鍛鍊出之殊異晉鈔　謝憲南

庚子山善于驅使左氏視此何如妙在句〻切滕　田梅嶼

秦塞重關一百二漢家離宮三十六屬對精工何止以步搖條

脫比巧温岐熟于盲左無如憲南海寧先生所稱左癖也此

文出當代宗工亦應以左癖相推　王東渢

切合時勢故非妄擇其藻　朱恭季

對仗俱出天成鄭景純五色筆直從文通處轉以貽君　張大復

寫于卷軸而運用鮮明如初日芙蕖視蔡盧先生小題文直然

援戟自成一隊也　華豫原

饕斯仙

鑿斯池也　二句

殷迫　于民

先謀所以衛國者、而地利足憑矣、夫國之所恃、不徒池與城也、然（發）
鑿之築之、不先有其衛乎、滕曷不先事于斯、告滕文曰、君今者慮
此五十里之城池、蕭焉傾覆、亦嘗環顧國中、而先思封疆所以固（端妍）
耶、夫自王公設險以來、國之有衛、誠甚重矣、滕雖不足恃、即奈何
先自廢也、臣為君謀、亦何敢謂臨事而有濟者、全恃金湯、而特其（注定下句題中也字方活）
平時所備、則圖功不可不先、抑豈必謂形勝之足據者、必賴高深（以天時章作法抑）
乃即此人功所設、而國勢亦堪自振、今不依然有斯池乎、往者浚（神氣如生）
洙之役、亦謂此實所以限戎馬者、而鑿之不容緩也、乃滕自悉索

敝賦以來日竭其力于犧牲而不暇鑿矣則君之池實隘甚也而何以為衛抑不依然有斯城乎往者城郎有書亦謂此實所以過敝衛者而築之不容後也乃勝自疲于奔命以來日殫其力于道路而不暇築矣則君之城實坦甚也而又何以示防雖號稱天塹者方且以清濟為固江漢為雄區區斯池而鑿之夫亦奚濟然縱邦溝之不若不猶愈于安于湫隘或至長驅飲馬而始悔投鞭可渡乎今幸無夾水之陣而以其敬供大國者轉而給畚捕則池必濬而益深矣湯湯流水敵之不能飛而渡也非止以池之深而不得不先鑿斯池雖勢踞上游者方且以泰山作鎮荊門為隘區區

對針第字

吸取下句如燈取

影

斯城而築之夫又奚益然觀偪陽之雖下不猶愈于恃陋不倫或至憑陵霄竅而始悔背城難借乎令卒無入郛之虞而以執役失國者轉而勤鼙鼓則城必增而益高矣屹屹嚴城寇之不能來而

四面玲瓏

上也非徒恃城之高而不得不先築斯城夫河山不異而風景頓

前半備是公家言此二比着筆也字逆取下意婀娜如瀛水遙青

殊徃徃有鑿之而轉為他人用者以鑿之者之先以我為煩苦也

蘋

況一旦鑿之而大國或臨池而問罪曰何故鑿爾池是鑿之而愈

下意忽如玉映冰壺

秦皇空壯漢山河

危也而吾謂斯池之危別自有故而失固不在鑿也則且為君進

極合不了語氣

一籌曰鑿斯池也抑城郭猶是而號令遞更徃徃有築之而轉為

箴一民字序丙

他人資者以築之者之先怨我之勞勤也況一旦築之而大國或

臨城而討叛曰何故築爾城是築之而愈殆也而吾謂斯城之殆得此一折也字捆：歆活

又自有故而失仍不在築也則更為君進一籌曰築斯城也若夫與民守之幸不至然池有變守陴皆哭也是又在君之自處焉耳

兩也字神氣直趨下句三句併合說方見地利人和歸併為一謀斯盡善呆號本題全不關照下文總委曲詳明如留侯借箸伏波聚米而也字神吻整而死矣夫城非不高池非不深而委而去之地利不如人和非此題兩也字錞于乎向來傳作多未窺見及此作者獨啓秘鑰心細則眼自明可知題中竅要多為粗心人抹煞于民有聲場屋受知樸園張公以諸生終南

謝惪

鑿斯池也　二句

江蘇劉宗師歲考　吳江縣學一名　徐　稜

謀滕而先及地利寔墉寔壑而已蓋池與城皆所以衛國也鑿之築之非滕今日之所當先者哉孟子之為滕謀也曰先王申畫郊圻而設險以衛其國者外以禦敵彊之謀內以為保障之計也故金湯之勝雖然未可深恃而正不得恃隨而不脩焉然則吾之所及謀者其曾在城與池乎永叔繕之片壤其為池也也有幾既不若憑依漢水足以爭霸中原又不若賜履西河足以誇雄東岱吾恐國于狄隘一一如曾溝之三刻可踰也撫叢爾之偏隅其為城也又有幾既不若與鳩故址足以壯東海之報靈又不若方城舊封足

引入滕國

邸　階　齊　楚　陪　襯　方　與　下　意　村　針

引　振　怡　切

從給

以示南邦之強大吾恐小而不固一如偪陽之七日可克也而況不鑿乎蓋水不深則其勢不險設一旦疆場有警將長驅而飲馬

（反○接二比以○懸其害局勢○使寬）

并不必濟河以焚舟當此宵濟之餘而悼嘆于池之不深也晚矣而且不築乎蓋城不高則其威不壯一旦戎釁生郊將先登而取

（引○用○俱○典○核○）

旂并不煩啟門以懸布當此宵突之時而悔恨于城之不高也遲矣鑿之哉雖不能闢國百里使疏瀹之功南接于漢陽東連于汶

（映○帶○有○作○）

水與齊楚爭此山谿之險也而即斯池以觀為之濬其源暢其流

（筆○三○典○科○）

決排其壅塞所謂無飲我泉我泉我池者恃此鑿也已築之哉雖不能大啟爾宇使版築之功效尤于九縣秦食于山東以與齊楚

爭川壁壘之雄也而即斯城以觀為之議遠迹略基址揄畚捄而
程土物所謂中丘之十小九之一者特此築也已國既疲于奔命
而復以濬海高壘勞我農人似非救敝扶衰之策然天下競言地
沈鬱頓挫而也字神情飛舞方是聖賢作用[illegible]
利矣舍此池與城滕將何恃以不恐乎況公旬三日力役自有常
酣暢
征矣何必以大役雜興而致疑于徵名賦已盡于悉索而徒以郊
閭修備欲要鄰封似非仗信事大之謀然數人役焉思敵矣非此
鑿與築滕將何術以自全乎況重閉待暴明主不廢隄防矣何必
以小國雖存而坐弛乎經緯盡有此城與池而民乃可守矣
援引典確承接亦有古法　原批

此種題不浸之以書味。便如老樹無花惡醜枝矣。驅秉旨方之。
雅博奥處。映帶森楚爲下文效死弗去張本法律亦最細密。

鏊斯池　　徐

鑿斯池也 二句

順治己丑 張迎禊

以城池策滕聊以固圉也蓋國無城池是以國予敵也鑿之築之善哉自為謀嘗讀坎之卦地險屬乎山川（引豫供帖城池）又讀奕之章侯職先乎墉壑亦以高深足恃也況乎勢處彈丸介在兩大而川澤湮阻雖堞圯傾爲一小邦關稱臣之禮大國興問罪之師方且可飛而渡可踰而越何恃以無恐臣爲公謀其一在池有謂無池而險者非（及叔極有筆力）（老到）也偃王陸地而朝見滅荊楚夷人據淮而叛尚抗宗周誰謂淺可（却有証佐）無也即如齊楚之强甲于天下猶且清河為池漢水為池何恃乎（皆齊楚作襯）滕夫滕也國于湫隘雖無鴻溝巨川資以為鑿然未始無斯池也（斯字出）

領為池計者少號曰濬大壑曰鑿以蕞爾之滕而欲鑿之深〻得（鑿字刻創）毋窘于費乎曰否五十里之賦不納于齊即輸于楚無益也一旦（撇上事字即將事齊楚者鑿池築城妙有規畫）移其無益者為其有益者將見以一井之賦鑿池〻一仞矣以一成之賦鑿池〻數仞矣以一國之賦鑿池〻百仞矣縱不敢曰美哉洋〻敵来不能濟要之未鑿而無溝可限與既鑿而有溝可憑必有開鑿之誠急也且吾觀滕之先世我泉我池丕著依京之烈其勝算猶存也盍超而嗣諸臣為公謀其一人在城有謂無城而（尤妙）固者非也士蔿築城不慎卒及于難崇侯有墉佗如得緩于攻誰謂城可無也即如齊楚之強甲于天下猶且臨淄為城方城為城

何況于滕夫滕也國于平坦雖無崇岩絶巘藉以為墉然未始無斯城也頃為城計者因舊曰葺更新曰築以蕞爾之滕而欲築之（築字刻畫）橐〻得無匱于財乎曰否內外府之幣不歸于楚則實于齊無庸也一旦移其無用者為其有用者將見以一日之幣築城〻一板矣以一月之幣築城〻數板矣以一歲之幣築城〻百板矣縱不敵曰佳哉蕩〻寇来不能上要之未築而無陴可登與既築而有陴可恃必有間築之城亟也且吾觀滕之先世築城伊城爰沼伊渠之功其遺規猶在也盍起而效諸

玩兩斯字滕國現有城池不必多費人力篇中從上上事字規筭

鑿斯池也二句（上孟）　張迎禊

得來真是老成碩畫井井可行文亦蒼勁古老有如怪石虬松

向一存

鑿斯池　張

鑿斯池也　二句　焦毓鼎

滕有城池寔急修其備矣夫池也城也皆滕之備也豈謂斯之小而可忽乎鑿之築之所不容已者矣孟子意謂國家之所以自固者不以大小而殊也小特其形耳而要必自成其小之形斷無有以區區之備為無益而先予以易乘之隙早棄其自衛之具者也吾今有所進于君焉地利不足恃也而況于君之辭九然與其乞救于人寧反求內之所以自藏而勿務為虛圖形勢不足以憑也而況于君之曩爾然思以豫防于己必先使外之有以自防而急見諸實事今日有川澤之阻而滕既無矣然不有池乎山谿之隘而滕又無矣然不

乃城乎。先王之建國而環以池也。非徒舟楫之通灌溉之利也。誠念
（僭○筆○雅○崇○）
夫戎以干戈相見而直擣平原將何所藉以無恐環之以池而敵在
（宗○論○閎○議○隽○詞○高○韵○　遂○字○）
乎深我乘乎高々深之勢殊而雖有衆寡之形且由之而易也勿謂
（挑○剔○　折○出○）
斯池也非渤海之險漢水之大也特慮自開邊以來而外或至于壘
（鑿○字○）
塞也則一葦之淺踴躍以踰矣盡亦從而鑿之流之以廣濬之以深
無哉乎師之來能即抵于隍而遠之有湯々之足藉也先王之建國
而立以城也非徒奸宄之詰寇盜之禦也誠念夫戎以戰爭相尋而
長驅曠野將安所恃以無虞立之以城而敵處其下我據其上々下
之勢異而雖有強弱之形且由之而齊也勿謂斯城也非泰岱之固

方城之雄也特憑自叔造以來而久或至于傾圮也則數版之卑攀

（劉批左國）

援而越矣盡亦從而築之增之以崇益之以厚庶幾乎師之即或既

（寔有精義）

濟于河而近之有佗佗之足憑也然則君之未嘗從事于城池者亦

以平日之未見其益也苟兩國與問罪之師飲馬于池而早已謂矣

投戈于城而早已墮矣而何暇及此也然此皆不鑿不築之故也且

（籌畫經營處可立見之施行）

其工亦甚寡耳誠能取夫悉索敝賦者之所有以興鼛鼓之役豈患

夫糜費之無資吾見內有崇墉之隆外有洪流之險頓易于指顧之

間而不至惟戎車之是利也而顧自棄其保障之圖哉且以平日之

、見其實也設兩國逞無厭之求不假舟楫已越流而濟矣無俟臨

傾已繚堞而登矣而何能復完也夫此皆不鑿不築之故也且其力
亦甚易耳苟能半夫奔命朝夕者之所為以勤征繕之事豈患于驂
動之難繼吾見外有一水之限內有百雉之防立成諸俄頃之下而
（氣如雲蒸祥如泉湧）
不至惟馬足之是便也而顧自失其藩衛之方哉由是而民心以安
民氣以奮可以信結于民而守之矣

命程霆府亂裁卷軸如此典則雅麗之篇不難壓倒歸安

第三十六冊　卷一〇七

一日克己復禮天下歸仁焉

辛酉順天 朱涵

驗克復於一日、天德全而人心洽矣、夫同一仁、即同一心、無問於仁、即無問於天下、克復之徵、不捺于一日哉、且仁也者、天固統衆淺源説心之理彙寄於一心萃而予之非涣而屬之者也、故證情以證性下手摘星辰性無歧區斯愜理以愜心、心無滯迹、第能完一心之粹遂已撮衆心之符、將本然之天有可信而同然之天愈無可疑矣、克己復禮此爲仁之寔功也、吾試覘其詣之所成而規其效之所極、宥密者頂上先單心之地而非幽秘之鄉、滴累苟未捐則手目環而集其侌以知四海神明匡居可攝、化以人者莫逆一途會以天者寔聯一致成性者道義之門而非眇孤之境開有既已至則影響應而捷其機以知萬物心源崇朝可淪判以類自各區畛域貫以理即悉泯町畦一今夫一心者衆心之集也衆理者一理之分也故克復之功徵

原評為一日字刻畫崖巍巍是

於一日而歸仁之效極于天下一法乾健以自強此中豈俟轉運密移之漸而無我之盡遂肖乎生物之初則一間要無弗達乃截然

點雪紅鑪妙諦

見氣候之分明是仁以一日終不會以一日始也夫帝降為恒民彝為好天下豈以德而有二心詎言仁旨甚微為爲無或共喻者

杏葉辯妙節脫

仁與世格必心與仁格會試思兩間皆真意所盎靜見天地之心動著群情之府不出隔膜以視而形骸阻絕之交合同而化其由

此達彼之故有析其分際而無從者當即以一日為導行之勝耳
體仁只從入一日中爲字神理如是如是
綿全體于不息當前應無謝肩駐足之期而初復之吉克叅乎泰
定之字則戰勝不復留疑乃躍乎矢靈明之永闢是仁以一日始
妙義如環一
原不以一日終也夫及身者無妄悅物者中孚天下無人情而非
日乃見圓義
天理漫謂仁道甚精為爲不必共喻者心不與世契必心不與仁
契矣試思萬類皆天命所融修諸獨自驗于同多其功即屢其應
纖或好惡不齊而旻味差池之萆且盡解今其潛移默奪之情有
尋其端倪而不得者要直以一日為傳怖之官耳而要非睽其程
以張吾仁之浩博也從此警華之中無真諸吾仁本淡淡故毀譽

之見皆不生。正非敢分一心以督天下而心心相印者油然各露

原不以是俗言其敎見地透徹

其天光。則智契于幽愚呈于猝淵衷之獨燃入乎天下人之寤寐

而胥凝〻而並非懸其境以資吾仁之策厲也。從来心性之功有全

量吾仁至大〻故門户之見皆不設。初不必借天下以鏡吾心而

參宋儒有天下帰仁氣象

之說于義更圓

默〻可據者翕然擴開其氣象。則理逢其故德獲其新百族之咸

通憑諸一日間之隱微而自足蓋衆志協從非有增于性分而人

已偶隔即未滿乎寸衷其幾仍不在天下而在一已矣

極言其效之甚速而至大即所謂紅爐點雪者兩句正須併讀

連讀方不看似推開待下文再行折轉也老眼認題定不肯鬆

毫鶴奕

明清科考墨卷集

一日克已　仁焉

辛酉順天　徐　上　三名

能全仁於一日其效可立覩矣蓋天下歸仁雖不入仁者之心而克復則有其效易自驗於一日乎且夫仁者有泒詣之程有同符之券泒詣者心握其原心殫而功自密同符者理宰其所理至而物自孚世有執不計功之說而與物相忘於淡漠者是未能卻有間之暇類聯無間之神明也若克復之功則不然造修之勤怠不可知造詣之多寡則易知予取予求蓋有稱學士之精神以相報者務優游而思坐獲恐厚償不易來况之躬一身之積累不可窺一世之向背則易窺為從為違蓋有禮乎日之進修以相嘗者

（凝鍊刻入）（反言接勢上文含蓄）（反激下句專注上文）

借處士而邀虛聲恐色取不足發心學之感是則克復之功
一日而歸仁之效即可驗之天下矣一元良會萃之精直萬物隱微
之所結故仁不起于公而起于私而究之暢萬物之私者不啻進
萬物而喻以隱微蓋起念而留一心之憾則暨訖已塞其源夫仁
者增美釋回初無後先絕續之可指而發吾獨覺之歎慊以還其
本量即順乎當前之氣類而予以固然將四海不間心理之合終
身祇此積累之功而公與私兩無所淆者內與外亦兩無所拂矣
天心敦固之境皆衆情醞釀之所成故仁不基於理而基於欲而
究之通傳類之欲者仍自進一心以驗其純備蓋寸心未得歸旨

之鄉則海宇已闃其隱夫仁者密操靜斂豈有精神意氣之旁施
而澄吾幽獨之機緘以愜其全量即潛類斯人之欲惡而溥以大
同則覛以遲暮而非遂奮自崇朝而更迅而理與欲兩無所撓者
存與發亦兩無所間矣且夫一日者頃詞也一念不該渾虛此一
念畢生不淬厲擲此畢生乃課功者偏于存遏方殷之日而預立
一躊躇滿志之程以使人之滌慮洗心歷瞬息而皆有可按而注
之益沉斯濟之益遠一室千里自隱操夫相維相繫之樞抑歸仁
者虛象也不草以去故天下何以窺其所無不恒以一德天下何
以窺其所有乃言效者偏于閑户齋居之地而虛予以驅筞喻以

之權並不拘乎遠邇親疎隨時地而各有可証而放之皆準焉
之愈嚴一息百年自共結夫吾性吾情之契此克復之效也而其
幾則仍在己而不在人也
蔡覺軒曰天下之大人人皆禀受此仁我真能克復為仁即此
仁便與天下都湊得着所以皆以仁稱之響應在天下握樞正
在一日朱子所謂若有一事做得不是必被人看破了理原洞
徹下筆恁地爽軒　吳在揚

一日克己復禮 二句

辛酉順天　莊培因

仁全而效應天下莫不與也夫一日者見仁之候而天下者証仁
之區也極克復於歸仁而仁量全矣效何速而大哉今夫人苟泛（撇開）
言徵應（一筆入木三分）而非相與于性分之故吾未見身世之通也蓋人類相關
祇此心理即心（直搗中堅）以求理而理無不徹之源斯即理以印心而心無
不通之境萬物歸懷之量固有驗之當前而可信者克己復禮為
仁夫仁也者我與（元句）天下所由觀其通也心性者大共之原而本精
粹以為貽則相喻倍捷故其（醞釀宏深精神密栗）息之深深者内修之所為密而其達
之疊疊者即外應之所以神一危微者審密之介而援群情以相証

則考驗益真故其克惕于極者本吾旦明自勝之心而其相合以
天者寔有胞與在宥之理今夫人特難乎克復之一日耳有如欲（頓落醒露）
已净而理已純存遏之修初非格致乎天下乃感而通即放之準
後應之神固已默孚於一日二日克復而天下歸仁有必然者將
以藐躬握消息之樞而存所固有祛所本無則必先萬物而觀其（調高筆遒絕非凡响）
聚而聚焉者即其散焉者也槩秉之良也聚之為一人之密勿散
之即百族之環依余情信芳而劼毖之神物我通之將精華四達（題蘊從發）
而血氣陰陽皆與吾情有維繫之故又何間乎形骸也來復見天（穆中扶出）（雅切）
心之会无妄通物與之原一日中固有是說而散之候耳將以寸

心操呼吸之機而得其自慊絕其自欺則必先萬物而謹其獨其獨焉者即其同焉者也好德之公也獨焉於一心爭存亡即同焉為斯世徵性命一室齋居而公溥之量覆載同之將神明內裕而乾坤法象皆為吾仁所徧滿之區又何隔乎儔類也無心之感為感不言之説為先一日中固有是與人同之理耳一群背情之向背不可知而可知者一元之合存之至密而証之大全仁德之胎也焉往不遂原乎故事有可見而天下顯徵其性功即不見一事而天下亦默契其素養則不必馳情浩邈而一日之操存自有其不疾而速不行而至之機繫志之淺遠不可必而可必者大公之驗

油然書卷之氣

高唱遏雲

朱子謂雖無一事不害仁

蓄之為大美而周之有全量仁德之運也豈必在迹象乎故人皆（弟子請）協應而克復旁通於無間即不見一人而克復亦自裕於大同則（不見二人不害其為夫卜歸仁）不及馳情浩邈而一日之揚詡自不隔于六合以內六合以外之境（有意推鑿）是則不遠無悔當幾之明健一日可以貞百年而誠動機應應氣之潛孚天下咸歸吾度內夫歸仁非聲氣之招也天下非馳騖之（闡光之筆）緣也全其功於克復神其機於一日為仁者亦於己取之而已矣

排山倒海之氣印沙畫泥之理經經緯史之辭金相玉質之概宏我漢京端賴此種 房評

二者皆□堯舜□已矣

大賢以可法者稱二帝、欲□□□者皆知□□□□堯舜之道、豈但□□道

臣道二者已哉、乃□于稱之以可法、意深哉。且自□以來、□有才□□

華之高大而能施于四海之外、六合之内、爲可法而可則也。□□爲君□

者不能之志爲後何□哉、如欲盡君臣之道、舍如□倫□大舜□□

所以爲君臣者、外能無所□也。倫以□臣爲□、而所以盡君臣者固

自有其道法者、二者之□□□、皆所□□□□□□□□

以稱人哉、要以□之以爲不□法乎、而不□可法者□□二者不得

法□惟此二□□□者而外別□以爲君臣之道已矣、然

其哉庸略□之□□□爲不心法乎、而不知心法者□

二者不容不法者亦斷斷二者舍棄二者而外更無其道之在于君臣也已先雖為君治然而盡君道者必推堯舜為臣者多而盡臣道者必端堯舜在堯舜未嘗絕人以必法而欲法乎二者之迹覺有一不本乎堯舜而不可者則堯舜之為君臣者何其至雖君道多端而君道之可法必導堯舜臣道多端而臣道之當法者必慕堯舜即堯舜非不欲引人之微法而不能強人于二者之中無一事不本堯以立之準則為君臣者若堯舜莫以加矣二者舍堯舜其奚法哉

人人親其親長其長

下梓課

道不外于親長人當各盡其道焉夫親長固甚邇親之長之又甚
易也人人可不各盡其道乎且今之事親長者動曰吾之道不在
是吾之事別有在而究之道與事皆缺焉而未講也治至入其家
而承歡皆至理焉行其鄉而徐行有天則焉能如是而人人皆入
於道中而莫之歟也吾因與人言道而思及夫親長親之與我最
近近而能致乎孝之道而人固無不共戴而以為孝子長之於我
最褻褻而能致乎敬之道而人固無不共稱而以為悌弟夫然而
人有親而吾即親以言道人有長而吾即長以言道罔極之恩誰

針刺血

先點親長

北雍傳稿

北鄉學錄

不思親親報其親者自孩提以來人人皆有此念今果能定省以將其愛晨昏以致其愛懷明發而思鞠育而孺慕之誠固已遍人人而皆得其道友恭之念無不思敬敬其長者自稍長以後人人皆有是心今果能隅坐以循其禮徐行以中其節慕天顯而歌常棣而友于之化固已遍人人而各盡其道惟孝之道在于親親而親親而親固非畧焉而止也畧以事親將處家庭之間宗族交識而道已不行於至邇而何論乎其他雖弟之道在于長長而長長固非苟焉而已也苟以事長將處鄉閭之際犯上時聞而道已不明於至邇而何問乎其餘若是乎人有親而可弗親乎人有長而可弗長乎人慎切

○人少則慕父母

慕親止于少恒情則然也夫父母無時不當慕也乃常人之情則止于少時為父母者何幸有此少乎而亦何傷僅此少乎且人自有生而後孰不重天性之恩也哉乃父母之于子也親愛之情恒餘于孩提襁褓之後而子之于父母也思慕之念僅不失于童蒙瞻依之時舜之怨慕如此豈常人所能及乎今夫人之所可慕者孰有甚于父母哉恩深于鞠育而飲食寢興之際尤當切其慕於中而不容置則率性而行原非假飾誼重于天地而出入顧復之時尤當深其慕於內而不忍忘則任天而動罔歉乎情甚矣父母無時不當慕也而僅

北戚

止于少者哉彼夫秉長大者非少也歟爾時所依者惟父母也所瞻者惟父母也蓋身不離于父母之外情亦不移于父母之餘且也天機之深則有以知其親愛之情人欲之淺則無以分其孺慕之真而夙夜之思求乎于二人慕矣彼夫未壯盛者非少也歟爾時喜亦喜者惟父母也憂亦憂者惟父母也蓋心不知于父母之餘意亦不遷于父母之外且也良心初發則有以動其欣慕之意嗜慾未紛則無以易其赤子之心而明發之懷惟切于雙親慕矣然則父母所可幸者惟子之有少時乎孺子何知猶思晨昏而定省稚年何喻尚知冬夏而溫凊少而生慕也慕而方少也而一時之欣慕庶可保其無紛

更旁出之虞無父毋所可傷者僅于之有少時乎孝思不廣止此幼稚之須臾求念無窮唯是童蒙之頃刻小則慕也慕則少之而一心之思慕僅可見于啼笑皆真之時而孰知其自此以後即移少時者慕矣舜之大孝爲何如

去縣可現文情亦到

人少則慕父母

推人於少之時慕親之心誠矣夫人亦安得皆少之時哉乃少則慕父母其可恃否乎今夫人當強盛之時親固嘗有子也而初稱之日予亦樂有親也夫人子之於親何可一日忘哉乃遡常人之情而揣慕無已之衷若有可恃而未可恃者於可求而先計之也吾因嘗而思夫人矣人皆不如嘗也入世深而皆失其天懷謂其境有以遷之也乃境之未遷而懽依惟一天性者此何日歟人之心不嘗如舜之心也閱歷紛而自忘其至性謂其外有以移之也乃外之未移而夙夜恒深于顧復者果何日歟蓋人不僅有少而少則慕父母云想其少之時嬉戲於門內者初不知天地間可樂可憂者更有何事惟

是念生哉之二人為己之所宜慕宿寐之間自有不能已者於此知少之慕〻之出於天也雖極其色笑之私而初非致飾於一時夫人亦孰無父母哉何以念顧我而復我若惟少之時然也觀其少之欣欣於膝下初未知人世內〻慼可慮者又有何物惟是念怙恃之深恩為吾之所當慕朝夕之餘自有不能忘者於此見少之慕〻之由於性也雖極其愛慕之誠亦非獻媚於所親之人亦安得皆少哉柰以思何怙何恃又惟於少之時然也豈無讀蓼莪屺岵之文而不置之思不覺其自摯乎然而有所儆而為者孰〻無所儆之為更真也少則真之至矣聖賢無所加庸愚無所損曠懷斯世者亦永矢而弗諼哉豈無因觀摩砥礪之功而勉勞之念不禁其自〻然而有所

勉而能者孰若無所勉之能盡誠也少則誠之極矣無所分心

思無所感念詎碩復庶幾求言而不置哉奈何人情之有不然也

二老者天　二句　　□□□

周公二老相天下之民矣，夫文王既作而二老以歸之矣，大老二老已矣，而多謂

朴且古今不之若也，夫少之扛而先王之道墨焉……

非才亦以出了術使之國而操世福海之於者莫不並備其長于一時而應帝座之五之府
雖之傳以重逆則也商而照則非王能論使于天而秩神無以之紀焉亦植天以俱急者當于老
而應殺異業之用亦亦植老以俱成知兆挾大天之人親天祉以府表風庶之代而配其應
之榮者莫不苟安寄以于野而難原逸之歌如二老之神以從其海濱而知時西應
後雖僅壽長湯于老者而無於竹于西山從周之時王實在于此今之御侯安而以大
老而王執

8

人有不爲也　二句

有不輕乎爲者、則有爲之業可決矣、夫不爲安信其有爲、然彼誠不輕于爲者、豈非以深有爲之用哉、且人生而爲世間不可少之人、若非必事事求其有成、而要有一二事不經人意者也、夫此一二事不經人意、世之人必謂介然自守、於事漫無短長、嗟乎、介然自守、即謂於事漫無短長、則天下苟得一功名急就、不復更爲擔持者、遂曰夫夫也果足以濟天下事也、理其然乎、今天下亦亟需有爲之人矣、百庸人居而我無以自異焉、則四海無功、百才人居而我無以自樹焉、則百年無學、故人而竟務爲人、然亦然之人也、吾不可知、人而不竟務爲人、然亦然之人也、則此一人也、吾請爲天下定之、定之則將取其人於竟不爲之日乎、夫危疑方啓、勛名爲知勇所必爭、使其遲徊覌望、徒托養晦以

自高則生身何事頗傾于拙自卑其生平定之則將取其人於概必為之日乎
夫苟且圖功事令為膚流所不屑使其輕肆一試經傳孤注以自將則成敗有
天可曰才器咸期其必濟乃吾之定此人若非其無不為亦非其竟不為蓋有
其不為者也勛業事業之會莫患乎輕視之輕視之則已之精神不能大鎮乎
物所以衆步而我必不步衆趨而我必勿趨豈直有机宜坐失與事不見一長
乎彼蓋欲堅其性守也性守既定不閡有效與不效也然而竟效矣紛華顯感
之地莫患乎猝臨之猝臨之則物之知能皆得大困乎已所以衆動而我竟不
動衆擊而我竟不擊豈直有要蛇觀變與世不設一籌乎彼蓋欲植其要領
也要領既植不問有濟與不濟也然而竟濟矣如是則不為之人吾甚不得以
無所為目之何也天下學術事功有時或成乎嘗試而介然自重者反不若

跻進者之爲先圖矣乃學術事功不闕稍成乎嘗試已非一日矣而介然自重者當何擬議其膺歟乎夫固可以其所素命者而蚤斷之天下覩望綢繆有時或成乎先得而凝然不動者反不若先得者之爲知宜矣乃覩望綢繆不閒稍成乎先得又非一日矣而凝然不動者當何預覩其匡策乎夫固可以其所不爲者而力期之期之維何斷之維何曰人有不爲也而後可以有爲

人悅之好色富貴無足以解憂者

觀虞舜之憂非身外之事可解也夫人悅好色富貴身外之事也而無足以解舜之憂孟氏真知舜之心乎告萬章曰吾嘗曠觀天下苟其人所遭甚盛無所不備夫亦可以無憂矣然而憂在外者可釋憂在中者難釋非憂果難釋也以釋非所釋則憂亦終不能釋也已試即舜之所處進思之舜當未命位之時安有所謂人悅與好色富貴也于田供職之閒祇切窮人無歸之念彼其憂何時而能解也迨舜既登庸之日而即有人悅與好色富貴也側陋明揚之下遂改竭力耕田之常彼其憂又何緣而不解也而至于今為想舜之憂雖人悅之好色富貴其有一足以解也耶抑俱無足以解也耶以舜之言為我得多士之

文[illegible]　[illegible]稿

景從我得二女之唱隨恃有此耳也而我猶不免抱無窮之憂其何以昭示多士觀型二女乎夫我既無以昭示多士觀型二女而乃藉多士之景從二女之唱隨以自解其悲愁之狀我更難堪也夫是以呼天而無以自容也舜之心以為我得坐明堂而稱元后我得御萬方而享玉食恃有此道也而我猶不免積無涯之憂其何以無愧元后無忝玉食乎夫我既未能無愧元后無忝玉食而乃欲假元后之隆稱玉食之厚享以自解其鬱悶之緒我更難安也夫是以號泣而無以自寬也且天下凡憂可解而惟舜之憂不可解非不可解也以所解者僅人悅好色富貴則遂無以解矣試問所憂者果誰氏之繾綣而謂得弛其寤寐也哉且天下凡憂已難解而至舜之憂則尤難

○非真難解
解也○以所解者○不過人悅好色富貴○則終無以解矣○試問所憂者果
何人之纏綿○而謂得紓其困頓也哉○是何也、惟順於父母、而後可以
解憂憂豈真無以解憂也耶○抑憂亦似未易為解也耶○

才氣既雄想復未盡者能聽之部自可借入理奇詮亦至論也

○人莫不飲食也　　王　諾

觀人于飲食、而見天下無道外之人也、夫飲食之于人、不可須臾離者、而謂有可以不飲食之人乎、觀于飲食、而道可悟矣、今夫俯仰之間。皆道也。（輕筆飲食。意毫不。著迹）日用之事皆道也。間有一人（和人字）不在道中者乎。無有也。若是乎人之不可須臾離道也。奈何而乃有不明不行者哉。請與之觀飲食。人而飲固也。夫人何以飲。（有味。在其。中。）是必有予人。以。可。飲。者。而人乃從而飲之也。非徒飲也。人而食固也。夫人何以食。是。必。有。予。人。以。可。食。者而人乃得而食之也。非徒食也。（抱。上。折。開。入。字。輕。秀。）為智者予為愚者予。聰。明。區。以。別。矣而終不得謂智者之飲食異于愚〻者之飲食異（和入飲食）

予智也爲賢予爲不肖予材質各有殊矣而終不得謂賢者之飲食不肖者遂不飲食也推而上之堯舜人也文武人也周公人也均此人即均此飲食也等而論之君臣父子人也夫婦昆弟人也朋友之交人也人雖異則飲食亦無異也倘吾執人而語之曰爾盡不飲爾盡不食則人必笑以爲奇蓋天下之大必無不飲不食之人而何獨于若人而苛責之設人向吾而告之曰吾可不飲吾可不食則吾亦必斥之以爲妄蓋天下之人必無不飲不食之日而何獨于今日而忽異之過者即欲遠求于飲食之外而無容遏也飲食之外無飲食也不及者每欲因循于飲食之中而無容不

及者飲食之中（原句有味）非止飲食也此一飲一食也彼一飲食也飲食同也

（有知不知之分）

而所以為飲食者不同今此飲食也後此亦飲食也所以為飲食

（知不知總莫不飲食）

者縱不同而飲食無不同是則飲食離人即不可以為飲食（妙絕）人離

（循環周章）

飲食亦不可以為人何也人莫不飲食也而奈何知味者鮮哉

題竅于上節言道所以不明不行下忽接人字一頓不但包孕通章早已括盡全部中庸內人又續以莫不飲食飲食亦是道之一端非譬喻也須知其中原有味在末一也字住而不住神注下句總之呆填飲食套語不得

文評將人字拆開四路筭來橫直說去總攻得莫不字醒透而輕清

淡折洵爲初學開易路也　吳踰龍

人無遠慮必有近憂

法式善擬作

遠慮不可無也聖人以近憂惕之焉夫憂人所不欲消者也慮之不遠憂即近矣顧以遠而忽乎哉若曰夫人之心未有不欲其安也而人之境又未有不懼其危也夫誠安之而不至入于危斯亦何便如之而顧有所不能是以天下未至之事庸人之所緩正士之所先而昧昧者徒見其識日卑而患日起也今夫未事而圖之為慮既事而悔之為憂憂人第知憂之不可有也而亦知慮之不可無也哉人有高語淡忘謂天下事亦何思何慮防檢疏則神明坐槁以致憂伺外至無所取裁慮且不知而何有于遠人又有於

言幾變謂身世間必殫思極慮趨避熟則回惑愈生以致憂從中
來不可斷絕慮非不遠而實非遠慮盡慮原非止以慮憂憂即亦
至而亦當慮也然慮亦正所以慮憂憂而已至將不及慮也人奈
何慮之不遠哉則其憂也必有于近矣豪傑之舉事也爲料于艱
辛斂其智于數十年以前綏其謀于數十年以後非怯也不如是
以慮之衽席閨闥皆憂境矣夫禍患之來常伏于不及覺膏粱醉飽
享之者自幸無虞而事出非常曾未嘗稍稽其候今日宴安即今
日酖毒焉不然履霜而何以知堅冰也哉賢哲之戒也以此每積于
微漸定其則於一室之中殫其思於六合之外[illegible]逆也不[illegible]延以

霜積厚常

慮之陸步內有憂機矣夫傾危之勢多中于不及防覆順安常處之者自謂无咎而變生不測曾未嘗別有其端一念苟同長吉擊倉皇焉不然未雨而何以切綢繆也哉人當數窮悔起之時有以盤錯而增其神智者然以憂深慮何如以慮却憂也靜以息其機動以觀其變已矣人當聚精會神之後有因探索而覺其困窮者然已慮而憂猶難免宜其不慮而憂反俾免也擬之而後言議之而後動已矣其在易曰先甲三日後甲三日為積慮者言之也巽在牀下豈在日中為弗憂者言之也人可忽乎哉

沉雄透闢似趙明遠天下之生一節題文而純粹過之　周質塘

上句神理全在下句透出必有二字直寫得怵目驚心秦易堂

聚星樓

入於河播　師陽

招覆海州府　吳際恩
三場至卷

入異於適知必謀乎少師也夫入河入漢何不從太師之適而爲入之深此必有取乎少師矣知叔武可
知少師且夫統乎樂者太師而下厥惟少師長既逝則少爲尊伶也有心曷不仰承其意苟謂其涉河水
以徜徉不襲遠適異國之蹤而少師不復聞知焉吾揆其情當必不然當日太師既偕亞飯諸人而各
有所適鼓方叔者當如之何夫向者諸伶之適倡之者太師非少師也顧太師遵之以適異國未嘗遵之
以入水濱爲方叔者假使繫心宗國必不忍曾部之一空如其猶駕他邦亦必尋故人之舊哉若夫中州之外
大河在其北夫豈有情誰甘栖此乎而不意其入之惟恐不深也噫不爲適而爲遁而爲入叔何必太師
同轍而殊途耶職少師者誰胡不問拔萊而留之考諸詩章鼗鼓並稱鼓既逐洋洋以北流鼗豈能
扶之而孤奏宜乎播鼗武者之愴然感懷也雖然武可繼方叔而深入何不可隨太師而他適哉乎誰與

爲謀而至斯哉吁嗟兮茫茫烟水終河洛獻瑞之無期淼淼滄波亦江漢朝宗之既逝叔也武也挂冠
以即浩渺之鄉贈諸太師太師則已徙矣賀諸亞飯以下亞飯諸人則已逐矣東土其有褎手不聞揖欸
以來祇見挂帆以往當日者接袂以入意必有向少師徘徊躊度而始決者也少師爲誰陽也是其人已
夫當太師未適之先權在摯不在陽祇佐翕純皦繹之備繹繹者有專司也迨太師之既適權在陽不在摯
他應總諸伶進止之柄淵淵者其統屬也吾想少師苟有意振興東國之遺響則繼摯以負荷舉九
伐鼓播鞉之不隨太師以適者必有遠遁牽裾留彼共事何至於江天雲樹之外婆娑其金華之音
以作芳洲遷客也耶識者觀武之入漢叔之入河知兩人必有領少師之意故寧入而不出也何則其時少
師亦已無意於魯矣
以少師作主杼軸余懷其文情百感蒼茫彷彿乎山哀江南賦

又相之子曰管仲相桓公　　朱朗

甚相桓之罪者。未知其所以相也。夫子貢所深非者。仲之相桓耳。而亦思相桓豈徒然乎。是故賜爲甚之之詞。而子則有幸之之意焉。今以素稱天下才者。得君而相之。則其可議者在是。其可原者亦在是。盖議其得相之前。而前之所失者小。原其既相之後。而後之所關者大。正不得執前事以相指摘也。如徒以前事之論。則管仲之相桓公。何怪其大不見許于子貢哉。彼固以爲仲宜死者也。宜死而不死。即令其隱約以終身。而不相桓公。別委贄於他國。而不相桓公。仲亦何所觧于偷生免死之罪。而況仲之所爲又有甚爲者乎薦自鮑叔而戴天所不共者轉北面而稱匡治於高傒而射鉤而相討者遂靦顏以相事是本欲相糾乃至相桓本欲殺桓而相糾乃至糾殺而桓相仲實何心而忍出此非仁一間豈得以子貢爲不知仲者哉而夫子曰賜未知仲也吾正多仲之有此一相耳從來英傑之士自度其身之能大有爲又度其君之可與有爲往往乘機而起初不以小節是拘且審其時之不得不爲并審其勢之非我莫能爲往往忍恥而前以必不以微嫌介意而何獨至於仲而疑之是故奉桓以出載桓以入則鮑叔宜相也而叔不自相而薦仲者亦自知其不若者五而以爲非仲莫與勝厥任也天

予之守上卿之尊則國高亦可相也而叔不薦彼而薦此者固明以蓋世之才待仲而謂非二子之所敢望也是則桓必有相〻必屬仲〻之相桓有非為仲一身計並非為桓一人謀者尚得責其不死而復為甚之〻詞曰奈何又相之也哉要之賜之言譏其得相之前也予之言原其既相之後也以前而論則仲公子糾之仲也不可以相桓以後而論則仲天下萬世之仲也又烏可以不相桓也哉

三子者出　已矣

三賢各言其志、狂士於其出而有問焉、夫三子之各言其志、曾晳諒亦聞之矣、乃於其出而問諸夫子、殆欲以實已志乎、且夫子誨諸賢言志。而曾晳獨後。明其撰之異于三子。夫子既告之以各言其志矣。則當自言其志之後。諒亦無疑三子言之何待向夫子而殷然致請哉。而乃於其出而有所問者何哉。禮樂兵農類皆三代之英。三子之各言其志素抱者。固顯白于一堂。論辨之際。春風沂水。曠然萬物之表。曾晳之各言其志趣者。已大慊于聖人對育之懷。在三子言其志于先。曾晳言其異于後。吾意三子應入問夫子曰。夫曾晳者之言何

知胡乃三子默々而出而曾皙獨諄々于後也奚居蓋天下散蹤功
名之士胞與非其襟期吾黨經綸斯世之才景物無關素念點得毋
謂已之志不係于三子將以三子之志而得其驗已之志而得其要
歸以已之言參三子之言而用其實學故於三子之出而問三子者
之言也禹皋伊旦今日豈無此遭逢也哉而三子則殊勳々也故志
在司馬者由之言也志在司農者求之言也志在太常者赤之言也
懷抱矢于幽獨經綸姑以俟之君相于彼于此不必相謀總無非國
家有賴之士則雖請業而退憶其抒寫固已與春風沂水各呈所見
矣黃農虞夏今日豈少此運會也哉而三子則正躍々也故言強兵

者由之志也言富民者求之志也言華國者亦之志也知過德之當途轂業先以卜之師友爲同爲異不必一轍要皆為經世匡時之彥則雖經贊嘆之餘還考同堂可知兵農禮樂各具所長矣亦各言其志也已矣志不可強自道則真言無先後相質則見曾皙雖後開夫子之言其亦可以繼三子而出矣

三子精當足徵索蘊

三子者出　五節　　王荀鶴

狂士証諸賢之志知聖心皆在所與焉夫三子雖不同於點要亦各言其志也點誠知由之見哂不在為邦則三子之志寧無當於聖心哉嘗思聖人之門雖高曠之士必無薄視功名之意而常有考証學問之思故人之志與己之志必有以之自考惟聖人為能兼汲並探而同歸甄陶之内焉如四子言志子所與者獨有一點其志在為邦者槩無所與而由且哂焉撥之酬知之何意何居將謂行藏聽於無心而曠懷高寄何以三年期月聖人亦有欲試之經綸將謂禮業皆吾性分而利見乘時何以景物遨遊聖心獨有

無端之契合宜乎三子之出而點不能已於問也雖然三子之志何必與點強同哉志之所形各如其性負殊尤之質則旰衡時事皆有慨焉自奮之心必曰曠達以為高則豪傑之情懷安寄志之所發各視其才挾經邦之畧則抱負雖殊皆為當代敬求之具必曰彼此期合轍則吾黨之自命奚存子曰亦各言其志也已矣明乎由之志不必同乎求赤求赤之志亦不必同乎點也豈以與點而概棄三子之志乎豈得以哂在由而并疑求赤之為邦乎蓋由之所以見哂者特以氣象之際失禮讓之風要其整軍經武之才不可泯也夫強鄰逼處之日能固其疆圉兵荒洊至之餘能作

其忠勇自由言之固恢恢乎有餘也可以其見哂而少之歟求赤之所以自見者特於應對之間凜謙沖之度要其井疆朝廟之政不可誣也夫地不大於曹滕而能使人登康阜事不離乎賛相而能使君有休光自求赤言之固優優布之也安得以非邦而疑之歟善哉點之能問也誠知三子所言無非各見之志則廊廟非夸山林非寂會而通之即為可潛可見之材且知三子之言莫非聖心所許則事功不同於粗迹詠遊非涉於空虛寔而體之可悟樂行憂違之理然則其後三子而出也點真有心人哉此點所以為聖門之狂歟

三子志在為邦夫子與點亦無與三子何以曾點後出一問則兼與之意亦明並與點哂由之故亦不明不異乎三者正見點之善問而哂在不讓不在為邦以議論駕去問答之迹俱未仍入點問中各言乎志益亦得豁機趣

洋溢目無全牛 蔡芝

三子者　何如

庚寅山西　馬佩珩　元

不與諸賢俱出者、以未明不與之故也、夫出則同出耳、後胡為者、
何如一問、點殆因已之見與、而疑三子之不見與哉、今亦進退之
節、吾黨不必矯為異也、而疑有未釋、斯不妨以少間、請復者徐質
於函丈之前、故當群賢避席而獨事逶迴、幾疑異撰者之轍異其
逝、追觀其取同堂之論述、作對境之推詳、而知一時之用意良深
也、喟然一與、非以點之言有異於三子者之言哉、蓋至是而一堂
之問對畢矣、顧與者在與者、將不與者必在彼也、而與者獨是、堂不
與者果盡非也、維時三子無言、而曾晳殊難自釋矣、人[illegible]相形見

紬之際意每索而無餘以三子而聞曾皙之言識何用志鰓鰓也
語無煩于吏贊胡弗循不言則退之常人當參觀未得之時念心
專而有屬以曾皙而思三子之言寧能安于嘿嘿也義有藉于旁
參豈必拘携手同行之素則見夫出者三子而曾皙未嘗與俱也
後者曾皙而三子莫解何故也夫三子出而三子之言猶未定也
曾皙之後而豈徒哉蓋聖人之相期有在匡居坐誦而預籌夫異
日之經獻將兵農禮樂之談吾知其必有合也乃不世殊勳盡歸
吾黨而結契者別有思存此則點之未敢以三子為是者也揶聖
人之相賞自真即境流連而竟獲夫無窮之嘉予將智名勇功之

遜竊意其了無當也顧東周可為久縈寤想而建白者寧同粗迹此又點之未敢以三子為非者也藉非深明夫三子者之言何如而後者何能邈此哉于此見曾皙之深思好閒亦有異乎三子也苟其存是已之見斯同人有懷亦且畢之無論耳乃不以俱出者倖接武之蹤并非以獨後者示親師之雅而悠悠我思若慮夫評品未經致以遠巳謝匡時之用則此際之獨切咨詢當亦出焉者意想所不到矣如其為輕心之掉將欣賞未及又且忽焉若忘耳乃無意于出而依然侍側寔有心於後而不忘析衷耿耿予懷悵欲於緒論所及獲以群言定內照之衡則此日之徐求論斷不僅

幽窈微焉者梗概所由彰矣此曾晳之善於質疑而辨志之學更深於言志也三子聞之應亦自省其言之何如而有悟已

點不與三子同出正疑夫子與不與之故借人証已因有何如一問文看題渾融從意摶捖闡精蘊于毫端以湯情于象外湯踔越焉最工一籌 湯修來

下文夫子明是三子無與此獨跟工不與至上文因是不與三子但夫子亦未明言元文從此着眼宛轉關生使質疑辨志未定神情活現絕工 周沇伊

三子者出　五節

陳拱斗

辨志而兼有所與可無疑于非邦矣夫三子各言其為邦之志由特以不讓見哂點何執是而概疑求赤之非邦哉且士君子懷奇抱異苟有可據原並行而不悖是故慷慨自喜不以急遽掩其有餘謙尊而光非以退遜形其不足當于聖人之陶鑄群英者得此意焉嘗聖門言志自點而外總之皆志於為邦者而喟然之與獨契夫點點維時思子於求赤不置一詞而由且見哂知其意必有在而將借以自證也於是三子出而點獨後夫點狂者也其視三子之志在為邦真若不足與者抑知就三子而用三子而一官一器各效其長不失為救時之傑就夫子而用三子而一民一物皆得其所已居然大道之行各言其志此亦可見吾徒皆三代之英而諸賢盡邦国之器矣何居哂由之間且竊竊然起也夫聖人之治國也和形以安心養氣以御世當其任而措置因以生而日用皆天則化其迹即神明亦淡定而堯舜等浮雲由如達是也其氣象不更偉哉

蓋率爾輕對由特未能以禮讓運爲國之才而有勇知方由則可以政教展經
邦之謨然點尚不解其故遂因由而疑及求夫六七十五六十求之各言其志
者固不得謂之非邦也如其言而怨咨可以不生夭厲可以不作安在老安少
懷不隱寓于耕桑畜牧之表且點猶不解其故更因求而疑及赤夫宗廟會同
赤之各言其志者又不得謂小相之非邦也如其言而敬亦足以凝庥和亦足
以息修庶幾黃農虞夏可坐見於冠裳玉帛之間觀於求赤之爲邦而乃知其
哂之誠不在是也夫子之與求赤即與由也而與點之故亦從此可徵會焉點
至是當恍然悟從三子後而出矣

安詳妥適之中饒有真味

三子者出曾晳後

蔡冠英

記諸賢之出於後之此有心矣夫三子之出先於曾晳亦祇率其常耳彼曾晳之獨後焉此寧無意哉且學士之親師彬彬然求適其意焉耳意之已盡行止可自如意有未伸進退恒難遽決故一堂特對而牽動之間識微此可一望而見之日者四子言志點當次對而獨居後對以點方鼓瑟也非有心於後之也而夫子之與之此駸駸駕三子而先之吾意三子者一念夫兵農禮樂難邀大雅之揄揚沂水春風獨獲同堂之賞識其必摩起屬目深長矣于點可知也至則更端致請以求見與于夫子可知也而三子乃落落然得其意以出矣其出也誠不與于子而然耶然而果也藝也賓客與言也夫子嘗稱之而指亦應門之矣誠夫子獨與點而然耶然而夫子之嘆之中無言三子乃領其旨而相悅以解也不待晳之出而始出也亦不計晳之出不出而偕出也曾晳其何必後因當斯時也一堂之上師弟兩人豈其在御之綠綺更彈者調雜志之餘行藏具致若幸沾杏壇之時雨獨暢新機蓋出此三子而曾晳固已見其後矣夫

矜已傲物。儒者既成，哲已敢自別其步趨。唯是襟期潔淨，其意念若超於天地之外，其思議不越於耳目之前。如此一後也。必有人不及覺，而哲獨見之者，當三子之未出，哲固四顧躊躇焉而不得不後也。視日早莫，追隨有节。哲豈敢自示其安閑？唯是識見高於其自命，不在名言之間，其相視祗在疑似之介。故此一後也。又有人諾其信，而哲獨疑之者，及三子之既出，哲且從容歸謝焉，而進有後言也。指識其心人哉。

極自然，却自生動，官止神行，於題正到恰好處

三代之得天下也以仁

溯得天下之由在乎為仁而已夫天下豈易得哉而既以仁矣何患不得此孟子借三代以為訓也曰今世之人主孰不有囊括四方席捲天下之志哉而奈何竟昧夫端之所自也夫欲得其端之所自其惟仁乎仁者之心本以天下為量仁者之效自以天下為歸然後自古之所以得天下者非仁無由矣吾不禁穆然于三代焉想其所遭者每值氣運多艱之日而一發斯心必奔向之先而憂與民同患者乃運于上安其意固正大而光明原非以此要結于百姓且其所遇者恒際生靈憔悴之時而一行其政必擧向之生民挾險使民

酷烈者而與為更新要其心自中正而無偏初非以此干譽于黔黎然則三代之君亦自盡其仁而已矣亦何嘗沾沾焉以得天下為務哉而不知其所以得天下者正以其仁也上天仁愛之心每難盡奪彼三代之君當日之行事久已無愧于隱微但恐一事偶有弗誠而上天之寵愛不屬焉若是則得天下難故宮王室之盛未能去胸彼三代之君當日之處心盡足以對于輿情但恐一念苟有或欺而下民之係望不專焉若是則得天下又難而三代之克享于天心者固自裕如矣造物何嘗有私但有人焉公然盡至誠忠孝之心則眷顧之情忽生彼蓋睹其彝章之懋建以鍾過曆者亦已久矣而三代之

足孚于民志者亦自甚易矣草野何知遠大至有人焉儼然行公正無私之事則市義之心頓起彼蓋窺其舉動之精微以決真主者非一日矣吾於是知仁者得天下之本焉人既能仁即有一途以相報如謂仁而必不能得天下何以三代之君不事撫養而致吾於是知仁者得天下之效焉人欲得天下當先立一途以自處如謂得天下而不關乎仁何以三代之君悉皆不謀而合蓋出乎仁即入乎不仁矣又何怪乎天下之失耶

下而飲其爭也君子

下與飲皆揖讓其爭也猶然無爭矣夫下與飲射畢之時也于此而行揖讓則其爭也亦遂成其為君子之爭耳今夫人當射畢之餘勝負攸分往往乖戾之意多而雍容之意少乃觀君子於歷階既降之後皆彬彬乎有禮樂之風此豈世之負材角力者所可同日語耶如君子之升堂而射也亦既揖讓如是是則處易爭之地而已悉泯其爭之形當必爭之時而已咸忘其爭之迹即曰有爭亦猶是揖讓而之爭耳雖然君子之揖讓寧獨於升堂見之乎則試觀其下與飲方其來下也序賓以賢固有不如一象至于下則優絀既分未免矜勝

而有爭矣彼君子兮揖何兮可風乎其下也揖讓而下也方其
未飲也射以觀德固有彬雅之容至于飲則榮辱相形或有忿怨而
相爭矣允矣君子揖何謙吉而可親乎其飲也揖讓而飲也釋棚兮
兮之際而毫無乖戾弗平之心決拾既佽之後而皆有璧雍鐘鼓之
佩韍之升降之時其儀固初終不忒也審爾而猶得謂君子之有爭矣
即曰爭矣而猶得謂君子之爭同于人之爭乎爭之端由于學問之
未純若君子者其學問固已純矣夫何爭乎即如一射而既畢乃事
一如升降之揖揖威儀是與世相揖者非其爭而雍容不迫者乃其
爭也君子哉爭之念原於性情之未淑若君子者其性情固已淑矣

其有爭乎。借曰其爭。而取解立飲。無異升堂之禮儀。卒度是矜氣戾
俗者。其亦奚可問。而溫溫恭人者。其爭有獨殊也。君子哉。然則歷階
而下。從容揖遜。猶是既張我弓之時。升堂而飲。式燕以衎。依然終和
且耦之心。思易爭之地。而悉泯其爭之形。當必爭之時。而咸化其爭
之迹。由始及終。一揖讓而已矣。信乎君子無所爭。

以文甚佳故面取入學非因老也

下而飲其爭也君子

黃維鯤 榜姓鄒

勝負形而揖讓猶然可以觀君子之爭矣夫既射而下而飲則勝負形矣而君子之揖讓猶夫升時也如是以為爭不過成其為君子之爭耶嘗思傲不可長而謙貴有恒況在成德之士既始焉早收以自持而及其終誰有氣矜之未化倘能謹其節於未事之先而不能純其心於既事之後則有恒之難其去庸衆人之紛競有幾耶如射之揖讓而升不居然君子人歟夫讓者爭之反也當衆耦畢集此時屈伸未辨君子絕未嘗有角材競力之心誠讓也而非其爭也然射者爭之府也當四鏃既楙此時勝負已分君子或不無較長量短之私

炫其爭也而非復能讓也曰古之中多而囂則舉趾高心不固矣將
所謂比禮比樂者遂以佐其揚詡之具或中少而愠則強怒于言弱
怒于色矣將所謂志正體直者遂以長其忿尤之端而曾謂君子而
若是乎吾見其下焉不遽下也三揖焉三讓焉猶之乎升也吾見其
飲焉不遽飲也三揖焉三讓焉亦猶之乎升也夫衆人競勝之場而君
子之容之整以暇焉自阼階北面而已如此故躬畢而下不忘序賓以
賢之意迨得失關心之時而君子之心之樂以易者自堂下耦俱而
已如斯故洗爵而飲無改序賓不侮之意夫然而君子始終揖讓矣
而豈其爭也哉或節采蘋或節采蘩坦坦焉高下之俱忘而人誰不安

下而飲其爭也君子　黃維鯤（榜姓鄒）

乎和平之域夫然而君子誠無爭矣而正不妨言爭也多者得與少者不得與油油然恭遜以相接而君子早自立于人世之表蓋人之爭之與讓遠之不可記也君子之爭之以讓成可共白也是爭之術若為君子之所獨擅故惟君子而後有爭排人之爭之于既射者氣愈張而君子之爭之于既射者禮愈恭是爭至活子若別具一爭之妙用故惟以爭而益以見君子然則旅進旅退君子下也乎哉即謂君子之爭也可取觶立飲君子飲也乎哉即為君子之爭也可蓋君子自升堂而後無非以揖讓行其間也如是而謂之爭不信乎君子之無所爭哉

運員成球因方成璧動合自然　原評

第三十六册　卷一〇七

才難不其然乎　為盛　　翟　肅

聖人深有信于才難、正于其盛時矣、夫使才果無難、或者斯猶未
足稱盛耳、乃盛于斯者獨有唐虞之際子念古語而然之也感深
哉、且自聖明御宇而英賢蔚起幾疑聖明不常偶斯英賢不多得
而必以為不可多得者定有時而一雩此言也乃立乎今日因往
哲之感喟思昭代之人文未得為帝之升遷為王之降即奈何
不生人萬一之偉矣嘗試合唐典于虞書知舜寔有才讀泰誓而
又穆然感也何感乎感于古人之言夫人而已古則自昔先民其
必在我生之前且安知不更在昭代以前而若上觀百世磊落而

遙傳太息之聲所論在才則得失如林定不屬黃農之世且亦何
止中天揖讓之朝而若下觀百世慷慨而特結夏憂傷之意古何言
古人之論才亦何言其言曰難以今思之豈不然乎今夫才之難
非于衰而見其難正于盛而見其難且非止于盛而見其難更于
盛之極而見其難吾重慨于斯矣斯非聖子神孫積累以有是蹟
附後先之英者乎顧使才難之說猶令我參信而參疑轉幸其皇
王闢闢來所僅見而後可膚知夫至若有夏至若有殷皆將退處
焉而卑無足數而斯已幾幾乎千古而立隆斯非薪槱棫樸培植
以有是昭回雲漢之光者乎頗使才難之嘆尚令我乍商而乍置

其心斯猶雷雨經綸中所時見而後可庸知夫稽古帝堯稽古帝舜令其易統焉而時已云遠而斯且幾幾乎後來之居上以同心殄離德於伐較武湯而有光以一代衡兩朝多士視重華而稍遜前唐虞後我周落落千餘年不得謂才之接踵而盛是亦可以証才難之說矣抑予信古人之不我欺者蓋尤在十人之其未盈其數也

題最忌倒裝上截寵罩全從古語旋想為盛于忌則斷下截喉蒙才難不閑送我見諸字直貫到而已總佳　原評

有大氣鬱盤者斯能涵反於恰綴中間提旋更見節骨　朱鳴和

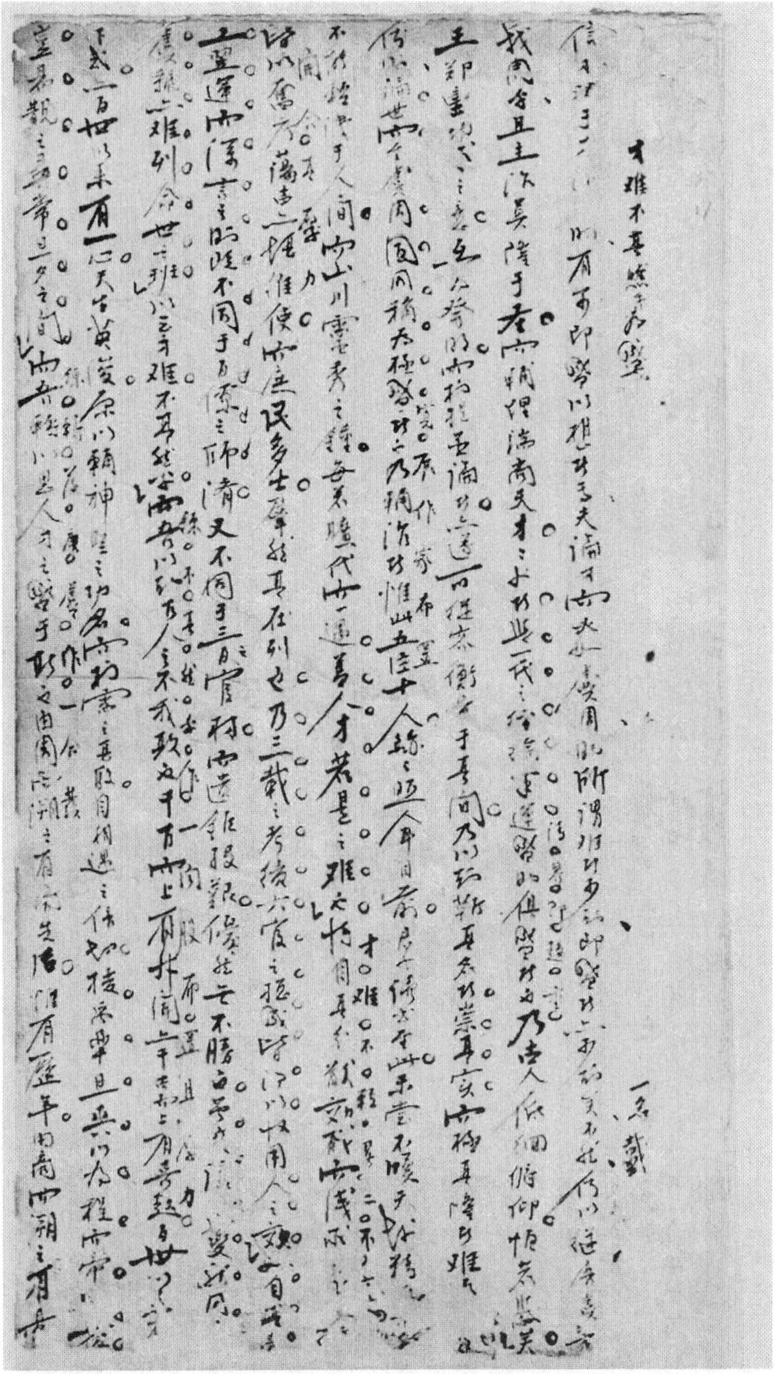
才難不其然乎

一名 戴

才難不其然乎　爲盛　戴口口

矣。後雖有歷年二氏當命亦各有左右承弼。而莫擬其美。熟之有陸莫間其熟蹤其學綜之合。遂世焉。
絜而此往復儀意惟门之揖讓雍容之會。垂鏡啟繼文於而作人。既一家之考辨亦得逃于典華惟中了遂
所以啟而神聖之傳授。父子師儒盡之脉。若師承之令。觀三代之祖。聚于一堂。所良之器。善守宙
今文以後。無成周之帝。且亘古而於。隆矣。抑孔子生于我周而大備。既有家之音。虞之後殊。郯仲尼中天之
聖代與而廟堂不。旅。鄉。緒。齊相。遠乎澤。穆。近。今群后之讓。超乎唐虞陸鄰之歎。則可無世所莫及。
尚非唐虞。我周。且。從。來。而在上矣。唐虞之際乎於又斯。而謂用之才豈易及乎。至有非常之功者
非常之人。所遇無不得。存在今。已有旦暮相遇之思。而種而美之所合乃懷智。矩而較步。而細想陸想。
我周庭臣無參差不齊之教。乎稽其賢。厥惟九人。不足是才之難如彼。
擬余而筆。而漸機法之奧。巧。不讓中所以能澤融無遺。荊川震川之稗中

大人者不失其赤子之心者也

寶猶大人之體全乎所本有之初而已夫赤子之心人之所本有也而惟大人爲能不失焉此其所以爲大人乎今夫人以羣焉皆有之心其昧焉其離之遂以心爲莫可問之物矣又安○識其心之不容數乎不知人有極至之論而心無異量之心誠與窮所由來人不能不極其所至而終不得推而遠曰此非始之所竟其也試論之自降衷以前而有渺不可持之數惟從容而觀乎踐形以後則所知所能固有盡乎知能之一者矣而盡乎知能之量者非大人乎人自降衷以後而有縱不及制之情惟從容而考乎受命之初則所知所能又有擬乎知能之本者矣而操乎知能之本者非赤子乎如是而赤子大人謂可一視乎未可一視之也謂赤子之即可擬夫人猶天下而一之多而大人之少也謂大人之竟無異于赤子何天下之敢于擬赤子而終不敢擬大人也是赤子固有可基于大人而非即爲大人大人亦有甚全乎赤子而非竟爲赤子也如是

而大人之心與赤子之心謂可二視乎未可二視之也謂大人之果無異于赤子吾不
知赤子之所存存者謂何也謂赤子之終無異于大人吾不知大人之所存存者又為
何也是赤子固有可基于大人之心而非有損大人亦止其全于赤子之體而非有加
也惟赤子可基于大人則凡其萬理悉備備者皆其前此之一私不存者也誠歡愛敬
之誼而每得之孩提笑語之間亦可知其心之無所欺矣雖其後有曠百世之勲猷而
回思學慮未加之初固有于我以甚純者守此不變焉已爾惟大人克全之而字民
其廓然無遺者皆其前此之渾然無偽者也誠觀忠孝之懷每得諸童年指顧之際亦
可知其心之無容抑矣試雖其後有勝一代之才力而回思知覺未開之始固有授我
以各正者負此勿渝焉已爾今之人亦孰無赤子之心乎而猶謂大人之不望可而幾也
大人其詎茂乎

大哉聖人之道

月課晉江縣學一等三名　姚　達

中庸歸道于聖人而極贊其大焉蓋道非聖人不能全也即聖人之道而想之而其大固莫京已今夫物有可接之耳目間者則以其近者為域物有不可接之耳目間者則以其遠者為域而要之皆予人以可域也若夫引而近之推而遠之從耳目之所及以極之耳目所不及莫非其所右而未嘗有可指之域者則吾以歸之道道則吾以歸之聖人之道今夫道非聖人之得私也然固聖人之所獨全也為知為能聖人之所周焉無一非道之所周而成物成己道之所濟實皆為聖人之所際故語道而必衡之聖人者以衡道之所因以究道之量也且夫聖人之道而豈在學者意計中哉凡物莫不有形有形斯可圍非必其狹而可圍也物之形有狹有廣以狹遇廣則遂為所圍至相形相詘則各不相用自以其形圍有圍非道也自有聖人之道而舉天下為一物之形若當之而盡失其形而且悉聽其以效為道也

之形而聖人之道真有無形之可求者矣凡物莫不有數有數斯可窮非必其縮而易
窮也物之數或縮或贏以縮較贏固立見其窮至兩數相持而各有難窮而仍以其最有
之自有聖人之道而齊天下為贏為縮之數若衡之而盡詘其數而且悉集其數以備彼道中之數而
真有無數之可窮者然蓋天下惟至虛者有不滯之機聖人之
聖人之道實而以虛運者也夫天下之游乎道之機者其於實而虛之機豈不可當前而領會肅然
以機引機固領會之不盡者乎其終無既其始無端道固躍然於俯仰之際已天下惟至實者有可紀之
類聖人之道虛而以實呈者也夫天下之入乎道之類者其於虛而實之迹亦皆可以一刻疑議
知以類觸類直擬議之難勝者乎體無不具用無不周道實超然於方隅之表已豈不大哉豈不大哉
是贊道不足贊聖人一切參贊位育等語無從拉雜闌入也剗雙虛空名言絡繹直秖於吾座而撤去
畢

大哉聖人之道

月課晉江 一等一名

陳錦

道以聖顯中庸贊其大焉夫道大矣得聖人而始昭其曠也大哉一嘆中庸其固重視
道乎且夫人與之論聖則無有狎而玩之者而至與之論道則莫不易而視之豈知聖惟
物躬以道故能合群物而統之也道所倚賴在聖亦得執塗人而小之乎何則道本其本
均石以大數施而道以全道有其岸誕先登以指來者而聖以作而豈偶然哉天下惟立
乎其外斯能兼容併包而無所阻也超形器而上者存於而存聖與道豈不均絕方表
融之以出而聖遠乎見仁見智之夫者道遠其一陰一陽之始固已治聲希味淡飛揚
升降而來成其象也大何如也天下惟入乎其中斯能委曲周詳而無所於間也
而存不遠人而處聖與道[illegible]均在目前知之以趨而聖踐其有物有則之形者

道得其至精至神之素。陽變陰合，水火之交，其法大，蓋道

不適於虛無也。既恃鍾其秀矣，今上帝司中，仍莫贊一辭。徒以渾淪無端之

於化機之流行，則乾坤闔闢誰從而由其户也。寄其事於聖，而無外無内之故湛然

而受一時之化栽，則道之大也，豈不昭著來許乎。聖不私以自善也，既行造其札

矣。今神明默契，不力狃為經綸，漫以昭宣義蘊之責，移寄於無心之鳶魚，則鬼神高

深誰從而名其狀也。專其責於一己，而不禦不遺之故，暢然而隨彼物之，則之

大也，豈同於一覽無餘乎。五百儲精後道而先道而聖，須臾莫離前聖而字後聖而

發。大哉人，其可易視道乎。

渾淪磅礴，細大畢以而殊，彌後雋永，想其命筆，立是游心天外。

大哉聖人之道

萬曆癸酉福建 蘇濬

中庸贊聖道之大、其責成之意有在矣、夫聖人者道之貫也、觀其道之大、人可不知所以盡其大哉、中庸之意、謂夫、道之流行於天下、以聖人爲之統也、聖人之爲天下立極、以道爲之綱也、天下不能一日無道、則不能一日不爲之聖人矣、人之自外於道者、其亦無見於道之大乎、自今言之、聖人未生、則道涵於太始、而沖漠所具者、固渾然爲天下之至精、聖人既生、則道寄於聖人、而神化所運者、實浩然爲天下之至廣、斂而存之、具於聖人之一心而已、然天之命無外、則道之原於命者、亦與之俱無外、而心極之中、所以弁包而並蓄者、至大而不可以限量窺也、率而發之、微於聖人之一身而已、然性之理無盡、則道之本乎性者、亦與之俱無盡、而身極之中、所以充周而流行者、至大而不可以方所求也、天下有以形大者、而聖道之大、不以形而以理焉、則超於形者道也、所以通於有形者亦道也、而即其渾淪之真機、固有莫爲載、莫爲破、而横之莫究其極矣、天下有以象大者、而聖道之大、不以象而以理爲、則超於象者道也、所以通於有象者亦道也、而即其磅礴之妙用、固有爲不禁、爲不遺、而推之莫要其止矣要之有道而後聖人之大以彰凡其大於天下大於後世者皆聖人也則皆道之大也有聖人而後道之大以著凡其使之大明使之大行者皆道也則皆聖人之大也觀此則知斯道非大聖人非小有体道之責者信不可須臾離矣

上下與天　一句

功同于天地其治為不可並矣民日生于天地而不知其天地之所以大也究之王民之皞

皞寧有矣于是知々矣天地者生民者也君子者奉天地以治民者也以天地之大不能自治

其民而後君子治之則天地之不能徧者推其大也固已矣至于過化存神之君子而擬之天

地君子不世出而未嘗一日無天地則民之生成于天地者為庇其常而生成于君子者為庇其遇

然民日遊天地之內而不覺亦日遊于王者之世而不覺似天地之覆載斯民者為存其我

而君子之覆載斯民者為備流其速矣生之殺之若云為王者之道而寓天地之道也渾之而

流焉不從矣凡人之情有所施于物則必有所期于物矣威則而歎其畏惠則而歎其德教則

而歎其幸此情之必然者也獨至天地似物不問其歎民之畏我威我而幸我而之心亦自忘

不畏無不感無不幸焉太和之為日相忘于宇宙之中君子之化神而莫知也矣

有所受于識則必有所不忘志矣威惠而知所畏惠也知所感教亦而知所

也彼烝民之于天地初不必有所營有所慮有所章也而一人覺其勞思其時擇其宜焉化育之功自適錯出古君子之化神又若是其已矣是知民以戴君子一如戴天地也承形之依賴于先王而被之者宜以為天地自然之利近今規之制所量山川風土氣以承其常華不見烝民若其性然然乎天地日流其功而君子日流其德化也夫豈旦夕之所能致哉則民之戴天地亦無非戴君子也清寧之位奠于自然而覲法焉以為帝王參贊之功近今規之風所遺衆系衣食各遂其情使自為蒸群沐其化洋洋乎天地不得流其德而君子不得流其經綸出生前且之所能及非區區小補所得述云

上下與天　之哉

極王道於天地而其小者不足言矣夫天地之於萬物豈小補之哉然則王道之與同流者亦淺可知已且甚矣王道之大也王道大而其小者誠不足以云也彼其過化存神舉一世而甄陶之也是直天覆於上而不知其高也是直地載於下而不知其厚也則僅以為是補天地之憾焉者猶淺之乎言君子矣况淺小伯功又何足以云也吾試為之極其量吾試為之窮其際其始上下與天地同流乎今夫天地之大其化焉者其流焉者也而君子之化亦然天地之大其神焉者其流焉者也而君子之神亦然今欲措

何者為天地化神之所不及而上覆焉下載焉其流者則皆如此矣

則欲稽何者為君子化神之所不及而觀上焉觀下焉其流者亦皆如此矣而吾於是益嘆君子之道之大也天地之於萬物也凡夫物之小者大者莫不化育於其中而萬物卒莫能名其矣其春以生之夏以長之秋以斂之冬以藏之者非不極窮變通久之能而始有以流行於不息也而究非有補苴之勞此天地之所以為太也而君子之於斯世也舉凡世之賢者愚者莫不曲成於其內而斯世卒莫能言其功夫其贊天地之生長以安全之贊天地之斂藏以成就之者非不極財成輔相之道而始有以相維於不弊

也而究非有補救之迹則亦君子之所以為大也然則君子之道之大夫誠有與天同其高與地同其厚者也其舉一世而甄陶之也夫誠有與天同其覆與地同其載者也如僅曰彌縫其闕而匡救其究則將伯者之小補而已矣夫君子固上下與天地同流者也豈曰小補之哉甚矣王道之大而其小者誠不足以云也

上下與天地同流

極擬所流之盛君子同于天地矣夫天地之所流孰得而同之乎乃君子之化神若是則以爲同于天地也可也謂人苟有濟物之功未有不流行于斯世者也然而所濟者有限則所流者亦易窮乃觀君子過化存神若此吾將何以擬其盛乎蓋嘗觀諸天地矣風霆雨露之施即俄頃之鼓動而萬類忽覺其改觀是天地之所過無不化也而君子之所過若此則舍天地無以見君子也生長斂藏之功無推行之迹而美利已普于不言是天地之所存妙于神也而君子之所存若此則仰君子一如對天地也蓋積厚者流自光君子未嘗擬一天而爲之而其化神之不測若直與天同其無際源遠者流自長君子未嘗擬一地而爲之而其神化之無心者流若與地同其廣厚殆上下與天地同流乎流也者自此而及彼也試觀天地之春秋榮落一夕而徧而方隅非過六合非遠其流豈有涯乎乃有君子焉初能于其間舉天下含生之衆懷方之類無不飲其和而食其德則天地之所流無涯君子之所流亦無涯三才並立矣

焉流也者相循而不絶也試觀天地之闔闢往來相禪而行而一息如經太古載如須臾其流何嘗息乎乃有

焉參贊于其中而凡斯民孩提之日白首之年無不沐膏澤而咏乾若則天地之所流無盡君子之所流亦一一

息合同而化又奚疑焉蓋惟其蓄之于内者有以作天地之撰合天地之理神明默成無一不與天地相契而固已通之一一

聲臭俱泯之表故其施之于外者有以協天地之極弘天地之用德洋恩普無在不與天地相合而非遠害于掌故

罕淼之文此王道之所以爲大也區區小補云乎哉

寫同流處君子與天地是一是二又不差遠者息章云云唯其切所以佳也

古不是小補

上下與天地同流

李廷樞

即化神而想其大德乎上下之間蓋之矣夫使王道而猶有歉乎上下何以甄陶一世也天地同流化神之盛何如哉嘗晴覽今古其歷久而不變者豈如天地哉而王者與乎其間則天地亦為之更新焉是非有潛驅默導乎其間天地之中使天地日就其範成而不知何以翕然並振而成轉移一世之大業也吾以是怵造化存神之妙盛而不覺襟然如身其際也非必鶩稀拜之廷而後見協和之上理非必入大公之儀而後詩親遍之休風今日者即此當前俯仰間一深念焉無私覆者在上也無私載者在下也推遷變化如斯其不已也錯綜散如是其無窮也雖然之非天地乎而古王者之治天下亦從此可覘矣則嘗一想見其化神之無所其以句自明以託翕闢皆有不期然之息變通以無非不得已之機意且體天行之哉而峻極之作萬物乎焉至於光昭之用萬物乎於人矣豈非大非小天為同流而何以若此也則人嘗一想見其化神之不息

通因筆勇之油黃

會歸協于中而各正意其平淵然之一定以為理物哉而[illegible]之量羣生之
之施原類所由繁昌矣淵淵乎夫非德業之平法者地地流流而行行以首出
初豈無矯故革俗於動人心之業正以挽天下于知感知畏之餘而散自於大大之無為甚
而無為者原息待有為之輔相以成功而蕩之乘時以鄉統是行所無事之心其在平成之世
惟從優游漸漬浹淪變化之中聊扶不治以不許不知之意而維後侈譎娛生成之盛烈然而
烈盛者正以不見其烈而彌隆而因之百世而不執切懷義高深之慕以云小補竟何如耶
純用中庸從為發明遂到莫比此之謂適也

上下與天地同流　陳洲

聖治同於天地、可想見其盛焉、夫天地本自同流也、而君子者乃上下與天地同流、其德業之盛為何如哉、今夫流而不息〇合同而化者〇其天地之所以為盛乎〇凡在宇宙之中〇誰不賴其甄陶〇而亦誰能同其運用〇乃吾觀君子之過化存神〇而恍然如遇一天地之間焉〇夫天地以兩而化者也〇而君子之所過者化〇則上蟠下而際〇直與陰陽消息之氣相為通復〇天地以一而神者也〇而君子之所存者神〇則仰而觀〇俯而察〇真與闔闢往來之机〇與為遊嬉〇且自兩儀既分以後〇流於上者〇日月星辰〇流於下者〇山川岳瀆〇夫孰為

之主宰執爲之綱維乃若一王御極之經禮樂文章上法乎天文
政教科條下依乎地理夫寧殊夫乾之得一以清坤之得一以寧
則以爲上下與天地同流云天主施而地主受天地亦有不必同者
矣況在君子而安能合撰于高卑不知維天戢覆維地載而覆
載之內無非君子之德所彌綸而布護則其流焉者在天地不獨
居其有餘在君子不獨形其不足也天下濟而地上行天地之流
亦容有或同者矣然君子亦安能配合于穹壤不天知位乎上地
乎下而上下之間無非君子之業所旁推而交通則其同流焉者
天地各廬其中以相待君子自能神其化齊覌也春溫秋肅

即天地之慶賞刑威而生成之權則黜寄子仁育義正君心

之涵濡陶淑而同運並行之功則遂參諸天地盖惟存天地之心

乃能行天地之事亦惟体立於中者與天地同其高厚斯用流於

外者與天地同其化神此王道之所以為大而不同于伯術之小

補也歟

上下與天地同流

十名 黃栻

聖治同於天地，可想見其盛焉。夫天地本自同流也，而君子者乃上下與天地同流，其德業之盛為何如哉。今夫流而不息，合同而化者，其天地之所以為盛乎。凡在宇宙之中，誰不賴其甄陶，而亦誰能同其運用。乃吾觀君子之道，化存神而恍然如遇之天地之間焉。夫天地以兩而化者也，而君子之所過者化，則上而蟠，下而際，直與陰陽消息之氣相為通復。天地以一而神者也，而君子之所存者神，則仰而觀，俯而察，直與闔闢往來之機與為遞嬗。且自兩儀既分以後，流於上者日月星辰，流於下者山川岳瀆，夫孰為主宰，孰為之綱維，乃若一王御極之世，礼樂文章煥乎天文政教科條下依乎地理夫寧殊夫乾之得一以清坤之得一以寧則以為上下與天地同流云天主施而地主受天地之流亦有不必同者矣況在君子而安能合撰于高卑不知維天職覆維地職載而覆載之內無非君子之德所綜綸而布濩則其同流焉者在天地不獨居其有餘在君子不獨形其不足也天下濟而地上行天地之流亦容有或同者矣然至君子亦宜能配合于穹壤不知天位乎上地位乎下而上下之間無非君子之業所旁推而交通則其同流焉者在天地若虛其中以相待在君子自能神其運以齊觀也春溫秋肅即天地之慶賞刑威而裁成輔相之权則默寓諸君子之育萬正君子

之涵濡陶淑而同運並行之功則遂參諸天地蓋惟存乎地之心者乃能行乎地之事亦惟体(存)立於中者与天地同其高厚斯同(旋)流於外者与天地同其化神此王道之所以為大而不同于伯術之小補也歟

理極精湛詞極茂皇健思纏[illegible]繹迴[illegible]藹 [illegible]齋評

8 上如揖下如授

卽下以觀聖容可擬而得之矣夫揖與授非執圭時所暇及也然
就其上下擬之不有見其如揖如授者哉且以人臣而執主器大抵
兢慎於手者為多使有時不得其平上之以為亢鄰下之以為辱國
夫惟敬謹以臨之而竟我后之相好悉以平衡而昭其節則奉持之
下高卑中度夫固有可形似而得者矣如夫子之執圭固下第在躬
之肅已也當其未之執也君朝服而立三揖而進之旋授玉而送之
寡君旣不敢隕儀於前造其執之已畢也衆介隨入賓授玉於廟中
主揖賓於廟門群工亦復不敢好〻於後若是則凡執圭者要

或上或下也然以觀我夫子則又有其度矣奉圭而進默動夫
之恊執亦無所為上也然以其稍下而形之則若見其為上者然載
信而出時凛夫天威之近執亦無所為下也然以其微上而較之則
若見其有下者然夫人高亢之時行每足以生驀隙之端夫子豈敢
以一時之倨而啓我心乎故雖或上也而愈以形其謙恭之度夫人
賤損之過每足以啓卑弱之藝夫子豈敢以一時之諂而貽羞乎
故雖或下也而猶不失其尊高之体夫子非必不上也上亦如揖
夫子非必不下也下亦如授矣嘗觀載籍而揖當賓而揖着其
也而此則非其時矣乃何以遠而望之則竟有如載籍者嘗觀

櫝而授。匵櫝而授。覩其有章也。而此尚未及其事矣。乃何以即而然。

之。則竟有如啟櫝者。爲有如匵櫝者。爲由手與心齊之說。而何發[illegible]

上衡之事。然稍起。爲亦微見尊君之意。故雖揖玉升階。初不異乎陵。

揖。天揖之文。由衡與平準之規。又何爲綏提之蒂。然稍聳焉。而微見。

睦。鄰之思。故雖聘王無藉。初不殊乎授。几授杖之典。[illegible]天子非袒於揖

授也。見有上下而已矣。夫子非意爲上下也。知有執圭而已矣。

上律天時　二句　陸師

又論仲尼作聖之功、亦建天地而不悖也、夫道在天地、未有聖人不師天地者也、仲尼律襲、遂與王者同功耳、今夫聖人生而位天地焉。参天地焉。天地待裁成于聖人。雖然此學者所以觀聖人也。而非聖人所以自治。蓋大成雖屬神靈之亶。而作聖無忘戒懼之心。凡所為求合于天地者。可得而進論也。何也。仲尼未生。道在帝王。先仲尼而得道者帝王也。而帝何以道。王何以法。必本會通于造化。帝王未生。道在天地。先帝王而得道者天地也。而天何以運。地何以寧。又寓神明于氣象。則以時繫天以水繫土道之大原所從出也仲尼乃進憲章祖述而有事焉仰函蓋之蒼蒼而曰道在是焉聲臭無容度矣學天而不至于天吾知仲尼亦不免也不知天之必顯其用于時也天一郛郭耳流行摩盪于不言之表者小人學之于是有作訛成易之務大人學之于是有仕止久速之節仲尼法古惟恐其以私意泥往聖也又敬天以求其所至先之而不違後之而奉若一一故其自然若繫易以明吉凶作春秋以別機祥特上律可証之一端爾訢天一之渾渾而曰道在是焉圖畫書不再出矣學地而不至于地吾知仲尼又不免也不知水之必因其勢于土也地亦寥濶耳坎行艮止于耳目之所者賢人學之

可以觀安土敦仁之妙聖人學之可以定微彰剛柔之則仲尼法
惟恐其以私意鑿天時也又敬地以精其所主象之以永貞應之
以以無疆一〻效其固然若遇杞宋而學禮辨齊魯而知政特下
襲可擬之一事爾日用云爲之內而條理秩然于是以吾心之健
違天子于不居之日月雖至老而忘厭倦以吾心之順法地于各
得之高深乃疏水而妙行藏神化不測誠非學者所能知而上清
下寧未嘗不以其身禀承乎其際則律自律襲自襲一身分師兩
大之周虛公無我之中而時措渾然于是於穆不已者合乾道之
變化而學者殫命之曰忠曰恕動靜無方者觀地道之順成而學

者分得之曰知曰仁隨物賦形識非擬議之所到而上行下濟未嘗不以其學（放化）融貫于其中則律即龔々即律兩大總（大辰）歸一人之心一嗚乎備矣

傳者以理境而詭寓申夫讀書者臻透脫胸期者勝海天了
此何以刻劃精練而華美無所畦逕故參枝也　原評
深湛之思奇傑之句新新日月錯比乾坤

小人懷惠

王紳 箴六

貪未得之惠其意念愈卑矣夫惠本不可貪也以此為懷遑知有利
哉子故為小人警之且夫人世之福澤胥有分以主之非營營於心
而可倖其必得也均有命而不克淡然安斯見利而不免殷然慕卒
至踰閑蕩檢入于文網中而不顧為所以詩□篇之遺美訶干冂
譏風隧巷秋之法閑義路而閉利門以此坊民猶有貪得以賈害者
君子固懷刑矣若小人則豈獨懷土哉蓋又在意惠矣生人有嗜欲
造物豈能盡償總于寶貨亦見其不古處耳故不貪為寶懷璧誡於
宋人重幣挾身執箴於鄭相消息有乘除罔利亦復何用胥于貨

賄遺成其為敗類耳故楚鄉之長君擕小国之心晉室憂貧反來大

夫之貨若是乎惠之亦宜也而小人則否利欲之誘人也已尝之（以古）

（為陰刻入精細）

味誠不若未尝者之甘故晏可安樂固寢饋之弗恐離鐘馴當前尤

眷戀之不能置也夫恥清議而好修名小人豈不知之乃口譏倍

貫念切君篚雒梁鵝有味之欲懸甄有伐輪之嫁而彼魯弗顧者

（栝浮多少见事）

勢所不便者取之以心計義所不可者假之以學術夙夜殫其圖

維倘怵以貪欲無藝將為王章所不宥有不自為迂闊者乎嗜好之

日漸也有盡之趣又不若無盡者之深故意所便安因目前有快

心之覺志希膏澤不將來多遺願之遭也夫犯還怨而防衆口

小人豈不慮此乃情稟墊州心期戴寶雖千乘可以拂衣一環可
以謝過而彼若罔聞焉力所易得罔寤寐之弗諼才所難為亦終
身之弗倦朝夕深其覬覦方冀夫天富善人故為王法所見原不豈
言懷之而弛慶語擯鑒二
生其僥倖矣乎古有懷惠而不懷刑者矣饕餮為不才之子帝世
已見放流榮孫為貪之尤史書且藏於鈇鉞利者身之災小人
長此中可可學其曲指
果何益焉乃愈之所營咸不能傷放戎也其身膏而寸光或因所利
而不貲姑聽諸他人之賜予或此中之隱隱如結者終不勝其貪多
務得之思今有懷惠而不懷刑者矣欲飫恩半三軍一朝而滅於豫
慶封欲擅山海盡族而殲於吳禍皆禍之伏小人應自危焉乃情之

所驅法不能奪〻故或〻求之而王命〻見違或砍之而簞瓢如故〻

任諸時運之適然而此心〻一寧〻莫釋者難改其封殖自私之習氣

乎、恬淡所以養性而縈情貨利者偏轅轉而弗意寧靜所以治心、

而役志〻營〻羶者且牿亡而不悔歟、之懷土者品愈卑焉其斯爲不

知命之小人也夫。

依註貪利言之說滾滾〻畢乎返歸。根懷土推勘。對懷刑辟

樸〻太周匝完遺象。直原評稱爲口若懸河。筆如劃沙、

也。朱欽處

小人懷惠

周徐彩

以干澤為懷。小人可鄙也。夫惠者操之自人。此胡可必得。而小人顧懷之不已耶。且人之好利也甚矣哉。强者以力而攫。弱者以術而既（敢）已取之矣。復致飾其名。自諱貪婪之實。享人慷慨之施。而目之曰惠。自惠之說立。而人之心術乃愈不可問矣。吾因懷土之小人而深言之。夫惠者原非不美之事也。其出之於君上。而授餐授衣。以隆其禮。則謂之養賢。其行之朋友。而投縞獻紵。以達其情。則謂之交際。其餽也善。其辭其受也準諸義。然而端人誼士猶恐蹈苟得之坊。以犯黷貨之戒。再三却顧。不敢冒昧也。而奈何有懷之者也出門而交人必先揣其人性情之素一似乎慎重者然然而彼之所慎重者不問其賢與不賢問其吝與不吝也任恤之誼閒於宗族鄉黨之間吾乃百計以嘔之則於財疎而緩急有所必周望門而託足必先觀其人勢位所居一似乎期待者然然而彼之所期待者不顧其行道於人願其行賄於我也煒赫之權易爲攀手援足之事吾乃雖心以結之則其加足而請謁有所必得困窮無告必待惠而後雖苟非給其求有尤尤不振者矣我自顧何如竟同於無所復之者以以憐乎温飽之念重面目之愛輕得尺亦可得寸亦可何其細大之不捐一生立志惟此藩身之貨與田野

小民祇以惠我爲德苟上屯其膏有嗷嗷怨咨者矣我豈不自知乃以嚮其利者等所見於鄙人爭罔顧衾影之多慚甘受蠱之不飭念茲而在繹茲而在不惜形神之交憊百折不回惟奧室中之藏身予取予求而無厭彼專利之小人其被刑者何限乃小人有見於前而無見於後縱極刀鋸之可畏一念之貪亦忍而不能去也一嚬一笑之必愛遇潔己之君子欲損惠也甚難乃小人内失夫己并外失夫人雖至祈請之徒勞一毫莫取亦樂而不爲疲也小人哉其可鄙不已甚歟

確從惠字着想不以注中貪利意鶻突混過刻取情狀乃正爲

小德川流　三句

覌于天地之德而大可知已蓋天地之化無小德則不流無大德則流亦易竭故天地之大〻以德也且夫天地之間使惟聽萬物之自消自長四時日月之自爲循環則萬物必窮〻時必息日月必與不惟如此而已即天地亦且有必盡之勢何也無德以主之也今覌物與道之不害不悖並育並行如此凡此者皆天地之化也蓋惟無所不離者天地之理無所不存者天地之心吾嘗覌化于天地矣其化之不害不悖者有流之者也其化之並育並行者有敦之者也衆萬以分之節而分給者無所乏匱蓋一理之所統衆著于不齊之分則各

出而不窮矣。恃源以爲主而無爲者無所不宰。蓋衆有之所分，譬積于未發之始，則渾然一以貫之，是皆德爲之也。有小德爲化之所以流也。有大德爲化之所以敦也。夫人苟博觀天地，知天地之所以變化，則一名一物，皆可見天地之無私。苟靜觀天地，知夫天地之所以發端，則一動一靜，皆可見天地之不貳。蓋天地之化無分而虛無合而盈，無去而不續，無渡而待及，何也？天地以一散著者設象品彙流形之處，皆於穆之命所栖，各負其神明以載天地之全理，故無渡挹注之勞，而理自無假于相足，分之而殊，衆而彌全，凡以此耳。且天地以其含弘之[illegible]剛元交際之會，以不息之誠所積厚聚，且精神以立

百為之十……故不見始終之跡而進之自無可不順蓄之愈盛而愈
真凡以此乎……不特此也物無不與之神而天地之化必不續既絶而
遂息一切往來之數莫不立命于無物之先故流者日往而化即浩
滚為之應無他有數之者故其流不舍晝亘亦如此耳剝無不滚之
理而天地之德必不留既往以為命極目無窮之故莫不具體于太
極之中故敦者自厚而化即來故而自生其新無他有流之者故可
敦盈科而進有如此耳此天地之所以為大也是知天地之化淵胸
中具有天地者不能與天地相通蓋以知天地之德淵其德無間于
天心者不能與天池相淵然則仲尼者其天地之肖子矣乎

小德川流　三句　王澍

觀於天地之德而大可知已。蓋天地之化無小德則不流無大德則流亦易竭。故天地之大〻以德也。且夫天地之間。使惟聽萬物之自消自長。四時日月之自為循環。則萬物必窮。四時必息。日月必敝。不惟如此而已。即天地亦且有必盡之勢。何者。無德以主之也。今觀物與道之不害不悖並行如此。凡此者皆天地之化也。蓋無所不體者。天地之理。無所不存者。天地之心。吾嘗觀化于天地矣。彼其化之不害不悖者。有流之者也。彼其化之並育並行者有敦之者也。衆萬以為質。而分給者無所于匱。蓋一理之所統。衆著於不齊之分則各出而不可窮矣恃源以為主而無為者無所不宰蓋衆有之所分鬱積于未發之始則渾然而一以貫矣是皆德為之也有小德焉則化之所以流也有大德焉則化之所以敦也夫人苟愽視乎天地知夫天地之所以變化則一名一物皆可見天地之無私夫人苟靜觀乎天地知夫天地之所以彌綸則一動一靜皆可見天地之不貳蓋天地之化無分而虛無合而盈無去而不續無復而待反何也天地以其散著者設象品彙流形之處皆於穆之命所栖各負其神明以載天地之全理故無復挹注之勞而理自無假于相足分之彌衆而彌全凡以此耳天地以其含

弘者立教貞元交際之會乃不息之誠所積厚聚其精神以立百為之本故不見始終之迹而達之自無所不順畜之愈盛而愈真凡以此者耳不特此也物無不敝之神而天地之化必不緣既絕而遂熄息一切往来之數莫不立命于無物之先故流者日徃而化即從後而為之應無他有敦之者故其流不舍晝夜混如此耳剥無不復之理而天地之德必不留既往以為命極目無窮之故莫不具體於太極之中故敦者自厚而化即乘故而日生其新無他有流之者故所敦盈科而進有如此耳此天地之所以為大也是知天地之化非胸中具有天地者不能與天地相通蓋以知天

地之德。非其德無間於天地者。不能與天地相肖。然則仲尼者。其

天地之肖子也。

合題旨性理淵深積學說來風生兩腋理足神王也

小德川流大德敦化　姚元振

化有其流與敦者而德之大小著焉蓋物與道皆化也而流之則見爲小德敦之則見爲大德何其盛哉嘗觀太極既生以後而二氣五行之化遂渾淪磅礴而不可窮是故有其燦著者以見布濩之靡遺即有其凝聚者以見淵源之不匱分之而有分各具一太極也合之而有可合統體一太極也試思物之育而不害道之行而不悖夫孰非天地之化爲之乎而人亦知其化之所流者果何自來乎流而爲形化類則聚也羣則分也一闔一闢之機夫固有默宰之者矣流而爲氣化歲久成也明久照也一往一來之柄

夫實有隱操之者矣則所謂德非乎且夫天地一德而已矣專直翕闢之道罔非易簡之所綱維而顯仁藏用之源祗此貞元之所互擅夫豈有異德也乎哉然德一也而從其散給者觀之則見爲德之小焉名之爲小正其大者之分而爲小也乃自有小德而一本遂散爲萬殊萬物各流其性而形色不紊四時各流其序而寒暑不忒日月各流其象而出納不乖井然其有條也悠然其不竭也一如百川之支分派別而流而不息焉爾抑德一也而從其彙聚者觀之則見爲德之大焉尊之爲大卽其小者之凝而爲大也乃自有大德而萬殊咸歸于一本以敦萬物之命而終始皆統於

乾以敦四時之氣而出入皆同于帝以敦日月之明而推遷皆運
相合敦化
于神積之而至厚也發之而不窮也是蓋化工之廣博淵深而敦
之甚固焉爾蓋造化無〻體之用流即流其所敦者乎流其所敦
所為靜極而動也至于動中涵靜〻中涵動而根陰根陽之妙總
不外盛德之彌綸造化無〻用之體敦即敦其所流者〻敦其所
流所謂藏顯于微也究之無微弗顯無顯弗微而無聲無臭之中
自裕夫至德之絪縕德至此可謂盛矣而天地之大不從可知哉

小德大德揆其一德流即流其所敦之化敦即敦其所流之化勘破源流
分說合說互說無非詳在一處業經兼此題文字要一徹透挨去

朱子云大德是敦那化底小德是流那敦化底出來所謂之意俱以化語之文乃手即提清化字先已據驪得珠矣以下切實發揮字字精當居之闡發是理在十分圓湛化筆靈穩穩不吐甚犯能謝順而出橫行理窟

目無堅城　戊姚啟安

君子之時中

人皆曰無過不及是為中矣而君子曰苟不當其時即中也而亦過焉即中也不及焉故衆所共由以為中者君子以時裁之而不用者也人皆曰有過不及定非中矣而君子曰苟當其時即過也而亦中焉即不及也而亦中焉故衆所不用以為非中者君以時通之而必用者也

天啓甲子　艾南英

已知之矣

道有未易明，非所論於知也。夫道常患其不行也，已知之矣。聖賢之情，殆有深焉者耶。子路若曰：君子之欲易天下也，先自審於行藏之故，明知天下之賴我者為棄屬，而後有以入世而不疑。至於獨往既窮，附皇倫切，則攬轡而歌明哲之尊，君子又未嘗不俯徜而三嘆也。道之不行，丈人得無示之憂乎？雖然，不行何足以病道？值運會之陵夷，而弓招莫前，在希榮者或有所未知，我希榮之人也深哉！顧乃皇皇於斯也歟？風流之彬謝，而側席無聞，在于進者或有所未知，我干進之人也與哉！顧乃睠睠於斯也？夫豈不知明王之不作乎？夫豈不知好音之誰嗣乎？夫豈不知鴻飛冥冥，而肬

避之高乎夫豈不知褰跂蒼蒼而欲訪之衆乎一知之則易為齊楚
宗衛之郊正惟知之而君子不容已矣若使宇宙無營入則明良
河以著續若使邦家皆隱士則商周何以（音来）敉寧寧有榛有苓固已
同其慨慕而難忘矣知之則易為風雨河山之感正惟知而君子
不忍置也如謂鄧隆不可再寧必夢卜始為求賢如謂遇合不易
遂寧必後車始為得士匪兕匪虎固已當其顛沛而即安矣非無
感慨天人莫解于數窮之說然數窮文安諉乎生三代之後而思
麟鳳之禎祥諒不俟遊車隨轍之餘始知挽駕之無從也乎今而
始益黯然也亦或盱衡古今興懷於道喪之際然道喪將安歸乎
覩列國之君而與詩書之盛烈講不待階途凡盡之後始知委贄

編地　壹文

文

之多違也予今而寧敢曼然也嗟乎西美之磨歌吟其徒賦耶東魯之布衣其終老耶天之蒼蒼吾道非耶如日不行已知之矣

乞諸其鄰而與之

爲人乞者乞于人即一與而不直見矣夫一醯也乞鄰之有以與或是何得謂之直哉今夫取與之際君子之所必嚴亦以人之隱微于此見也故徵品行者不必求之大節即其尋常行惠間或稍加之委蛇而其人之生平已出矣人之稱高直也曷不觀乞醯一事乎慷慨之事直者之所樂爲則使高而誠有餘耶與之可也抑委曲之情直者之所不屑則使高而誠不足耶不與之亦可也乃高則乞諸其鄰而與之矣以高為名譽所集在或人意中則止有一高不意高之意中又有一隣也貿貿焉望隣而請則人乞高高復乞鄰鄰與高高

蒦與人。何其不憚耶。以高為物望所歸。在或人則惟冀高之與。不意高又冀隣之與也。皇皇焉造鄰而求。則人乞之。而人與之。人與之。而人得之。何其多轉移耶。彼若謂吾既以好施自期。而口腹之奉。無以濟其乏。何以牧長者之也。故雖有所蹀涉而不顧也。又若謂人既以周急相望。而飲食之資。無以[illegible]急吾情。不幾失造請之懷。故周有周旋而傷也。然當其乏也。必不告以所欲得者何人。鄰之意則僅知有有高而與。不知有或而與也。將鄰之偶惠。高竟以之自私。當其與也。必不告以所從來者何自。或之意。則知此為高之與。不知此為鄰之與也。將或之感恩。高並以之自擅。雖曰以行其德。君子之美意。而何以轉爲叩問之求。雖曰有無相贍。烈士之常情。而何以曲爲掠美之術。試以語之。謂高者直乎否也。

高之不直只在一轉乞中生多少委曲註中曲意徇物掠美市恩八箇字斷盡他心事文中細細推究所以轉乞之意有無限不直處極題淺極灵变初學第一法門

委蛇召南羔羊詩委蛇委蛇退食自公

乞諸其鄰而與之

第三十六册　卷一〇八

子入太廟　一節

吉學院科試福州卷

入廟詳問，志敬以明礼也。夫廟中何事不有，其義而可以不問乎。子入而問之，敬也，即礼也。彼或烏足以知之。昔公勤勞王家，凡諸制作皆本於公。迨後魯公為祖廟，祀以康之，錫之異數，礼也。凡在陪祭諸宜深明之，制以大室，人效仕事與駿奔者更競惕以詳求之。誌不忘日者入廟與祭，騰[illegible]凡籩，凜凜之肅，其意肅之。有其容温恭謹恪，礼之義也；進退容儀，礼之実也。憶昔嬉陳俎豆風有其志，今日見諸行事，非托空言，則子之自少以知礼聞，非偉歟也。而入之稱之肅，亦非妄也。彼或為何如人歟，竊竊然從而議之噫概是說也得入廟告虔之謂何於此而不深明之則觀禮器而亦知名義習禮文而不知忌諱甚不罹大典於周門視法物若無睹者幾希夫子于是問而慨然嘆曰不以我為知矣恤而以問為非禮曷當知禮之不明于天下久矣敬者禮之經夫子以一身示則之復以一言定其準曰是禮也其亦不得已之心也夫

子入太廟 一節

吳學院錄科首 林天祚
田第一名

聖人致謹於太廟、周禮乃大明矣。夫禮之在魯、我雖問矣、入廟不（禮字○根源○）
安於知、問疑特解其是。聖人誠深於維禮哉。昔周公制禮以治天
下。王念功宗、賜魯重祭。周衰魯秩、秉周禮為名、是而實非也。然文（是○書○熟○醒○）
武之德、咸於周公、周公之道、傳於孔子。幸矣哉。子入太廟而有每（陡落題目奇警）
事之問也。幸矣哉。子固或疑而有是禮之說也。夫尊之親之為禮
之經也。著於義者、禮之本也。今魯之禮、知者為知矣、亦思夫知
者之果是否。是者為是矣、亦思夫是者之果是否。且夫魯之（筆勢九折）
最宜問者、莫如廟禮矣。以問為不知、則不問豈為知。且知必聽於

入廟而習於群廟焉以爲是恐卒不知有太廟也太廟爲周公之禮廟也是禮爲天子禮也嘗聞有歌雍爲矣非太廟也而歌雍爲子不問出乎見有舞佾爲矣非太廟也而舞胡爲乎不問蓋至入太廟而後可問禮也已然則今乃可知也向之所爲夏爲不必知也然則今乃是也向之所爲知者不必是也惟其是所以問也惟其問所以知也若有因當而發疑者而淺言微中可以起名之思若有自陳於中習爲而恪謹致詳可以覺仁人孝子之念嗚呼孝周公之靈而有子而有然入有然問也周禮在魯於今乃然熟

因周公之廟行天子之禮而問自是然章神解孝法変當力度所存之通神罕有倫比 吳冠山

子曰不降　三節　胡紹安

論列逸民、而得逸之實焉、夫逸民行事、大都以高節爲上、而其次亦致意于言行出處間、有子之論列蓋較然、已且古富貴而名磨滅不可勝紀。惟倜儻非常之人稱焉、然其人既逸、似亦無得而稱者、而千百載下猶追而述之、以爲其如此其逸、其如彼其逸、則往往因聖人之論而益彰也。若所叙逸民諸人、惟朱張弗可攷已、其餘則子

固嘗尚論之、今夫生而泯泯、死而沒沒、無所豎立、與艸木同腐已耳、若其耿介拔俗之標、慷慨出塵之想、皎然物外、非苟而已者、此其標趣自殊、而人各有稱、合兩人爲一、是曷嘗我載而爾輸、此即氣數、

迭变而行本至高緣連類以〻詞何異彼先而此繼子嘗稱之矣不
降志不辱身夷齊固逸之最上者乎而其謂惠連則不然可降可辱
一歸言行之中也斯以爲惠連已也若夫謂仲〻〻則且以身隱慝
言之無文然而中清中權殆即[illegible]之逸矣絕不知數于所以成〻〻
志條其身言坊行表而潔身以行權者幾爲磨勵得致乎此也而行
〻〻[illegible]指其大槩以爲所逸者殆即在是且天生數子並不使之居于一
時而落〻然散布度其神情已遙寄于逸之内也此子之所作望焉
而許者也絕不計數子所以鳴我志〻我身〻〻詡奔足而絕孝離群
〻〻戲爲推遷卒不欺乎此也而數言核其〻誼以爲所逸者固〻盡

子曰父母其順矣乎

洪肇楙

順親亦有自也聖人神往於詩矣夫人誰不樂得父母之順者然必自其妻子兄弟無疑也子盖於詩三致意云且天下事有不相謀而適相感者即家庭何莫不然前之人耑寫意中之言後之人兼通言外之意罔極之恩酧之百年而不足太和之象萃之一室而有餘也有如常棣之詩言兄弟爾即妻子不過連類而及遑問其他哉然而子讀之有感矣曰審如是言宜言樂也其家不有父母在耶閨房静好之緣曾不敢為二人道而我二人已竊竊意之意之而不啻身之也宴笑則有餘懽怨思則有餘怫盖同體之悲

愉彌切也昆季友于之雅絶不欲令二人知而我二人已刻刻期
之期之而必欲瞯之也交瘉恨其中薄式好猶疑其貌親盖寸心
之輾轉彌甚也而今且宜矣今且樂矣父母即不自為計未有不
為其子計假令為之耦者無端而嘆陰雨為之助者無故而懷角
弓一時之釁隙初開奕世之詬誶將敗以和氣致祥之說推之而
知其中有大不忍也反是而思其順也當不在高堂之間視而在
同室之周旋已父母即不爲其子計盍先自為計假令有嘖于室
耳之皆詬誶之聲有閱于墻目之皆囂陵之狀既理諭勢禁之俱
窮後袖手旁觀之不可即以合好淹悪之意推之而知處此直萬

難自遣也反是而思其順也信不在無形之視聽而在有象之笑言已蓋顯揚皆外至之榮惟此朝夕與居之人情真而事近嘗有咢烹就養不及菽水之為安者信如詩言聞以內式舞且歌闔以外莫遠其邇我父母亦既聞而見之矣一庭聚順之氣行路傳為美談而當境轉莫名其樂其亦有日習焉而相忘者乎立身祇自為之事惟此天倫自得之趣境淡而味長嘗見修士承歡不及顏愚之為摯者信如詩言入其室子婦熈熈行其庭伯仲翼翼他人之父母或亦聞而慕之矣杖履優游之樂得之毫末何加失之即須臾難忍其亦有默會焉而意移者乎其順矣乎夫然則入道之

見一步又轉數境自爾雅致

歸併

必有自也。亦何可于斯而得其意也夫。

本房

詩止言和妻子宜兄弟室家子讀詩思於樂見父母之順在左而不相當得自然開合之妙只就字字情景體會之散題神自不覺躍然之來文妙乃本人徹宗訣越淺乃越真越妙足與高手意相關處即此便是生公說法

子曰君子求諸己小人求諸人

吳玉綸

即所求以衡人而人品定矣蓋人己之閒君子小人所由分也可不慎所求哉昔夫子於知能人己閒言君子而極之於疾名不稱言能在己而知在人也名之稱雖在人實在己也於是[illegible]君子小人而並言之也曰天下未有不求而自至者友求則得他求則惑辨之不可不早也夫己者人之總也人者己之對也己足以自立而何間人也己不足以自信而何況人也成己成人一己而可以該天下之己也誣己誣人一人而奚以狥天下之人也惟其然而君子小人之求從此分矣君子何求求諸己耳遡己所由來爾歟

爾慊舉念則與天相見也充己所究竟莫推莫挽畢生則與聖同
歸也蓋至反身皆誠而君子之所求益勿敢自逸矣小人何求
諸人耳本之於不知命希榮慕勢無處而不俯仰乎人也濟之以
小有才欺世盜名無往而非蠱惑乎人也追至心勞日拙而小人
之所求益自愧未工矣均之求也而心所[illegible]附故
有事本爲己而猶存乎人之見雖己亦[illegible]而適完乎
己之量雖人亦己也均之求也而品詣[illegible]身移之際故有
終身求己而一念偶誤君子且流於小人終身求人而悔心忽萌小
人亦可爲君子求之所係大矣哉記者承上兩章而衡類記之後之

學者。勿徒詡爾修能。馳爾修名。而昧於所求也。則幾矣。

扼定求字一切公家言除淨盡筆亦瘦硬通神　寶東皋先生

蕭踈朴茂風格身直逼先民　吾漁璜

子曰君子　於利　　息如恂

各喻其所喻、君子小人之所以分也、夫君子小人、其人異、而其喻亦異也、為義為利、其獨有所喻、其各不相喻者乎、今夫情之動而有所嗜、嗜之至而無以自解、即已不能為人解彼其心固有獨識其所以然者、而人品之邪正遂于是乎相絕、如是說也、可與辨君子小人矣、以兩人各為一事、必務竭其力之所能、然而此之所能或不為彼之所能、而亦無怪乎其不能、何也、其所喻不相謀也、以兩人而共為一事、必各竭其才之所致、然而此之所致必不為彼之所致、而亦不欲其兼致、無他、其所喻不相假也、吾見夫君子之心終日敝敝焉身與之親、亦神與之依、有寤寐而弗諼者、其於義、然也、吾以夫一心

亦終日孜孜焉嘗久於朝謀之於夕有綢繆而莫釋者其亦也
夫人知此事之足以悅心而汲汲以求之方其求之之始必以為事
無更切於此者矣未幾而習之以課事而所志忽不克以自堅則其
心於此究不盡真知其可悅也若夫喻之既深必不肯旁用其神明
君子曰吾第如其理之所當然小人曰吾冀償吾欲之所必得及其
習之者愈熟講之於愈明無論為義為利而此中之旨趣莫不窮其
極盡其變適出于人之意表君子不獲告語于小人小人亦不獲告
語于君子矣夫人知此事之可以托足而皇皇以圖之方其圖之之
時亦以為事無更美於此者矣未幾而撥之以他事而所謀忽不覺
其頓易則其心於此究未嘗深見其可托也若夫喻之既精必不留

遺憾於身世君子曰吾無所爲而爲之而何求小人曰吾有所爲而爲之而雖已及其爲之者益久知之者益精無論趨義趨利而此中之曲折又皆探其微抉其奥并出乎己之意表君子之心非小人所能測識小人之心亦非君子所能測識矣此君子小人之所喻也而即君子小人之所以分矣

程陸二說長久實威各有所主然則從程子之說入而以象山說足之發越更爲完備行文亦沉着痛快宜田子欽鄭稱之高列前茅

子曰非礼 四句 此人式一名 吳華孫

爲克復者詳其目、道在以心治身也、夫視聽言動、身之屬也、而皆本於心、絕其非礼、而克復之目、不以全乎、告顏淵曰、人生而靜、渾然無所倚也、及感物而理欲判焉、是故踐形者、而後性之功、制外者、養中之學、惟以心治其身、而身治、而心亦治矣、吾與子言克復之目、天下無離事之心、官骸有性命焉、日用之恒、體之皆精微之詣、天下亦無離心之事、應感驗性情焉、持循之力、斂之在宥密之微、夫身之不能無視聽言動、而心之累于身者、視聽言動之非禮、克己者必勿之、心之神在目、目之動、心之馳也、而非必其不視也、清明在吾躬而有以累吾明者不爲之蔽顧諟在天命而於擾吾顧者（此本程子四箴蘭發氣盛圓密精融）不爲之遷則惟絕非禮之視而心之所以視者固猶是本虛之体（怡然養中無然知）也心之通由耳聲之入視神之出也而非必其不聽也知止有定而思聰者不搖于外誘之私而謂時通而存誠者不雜于姦聲之感（精刻）則惟絕非禮之聽而心之所以聽者固依然民之秉彝也最難制者言離合之間誠僞辨焉辭氣要于安定無輕發而或失之躁也榮辱係乎樞機無任意而或失之妄也夫子言之外著何莫非言之根心吾于非禮禁之是即于靜專之本養之矣最難持動者敬肆之交聖狂分焉一念之發有幾誠之于思而欲不得參也百行之推

有本守之于爲而矩無惑路也夫動之惟危安望其心之克裕吾于非禮制之是即于戰兢之源清之矣四者有全養焉天人之介每出以其疑似以相嘗邪正之搀又變其情形以相掩非(融)有(又)湛(明)然常(健云義直是滴水不漏)明之體無以決之于當機四者有全功焉物交有欲常挾其學力以撼吾之聰明事來無端每多其猝至以勞吾之因感應非有毅然不屈之操勢必難持于交戰此吾所以(精堅不懈)願子歷辨其非而斷然不忽(勿)視勿聽勿言勿動也日用獲其天則而形色之外別無克已之功周旋式于範圍而盛德之光即在中禮之至四也循是目以求仁而仁不遠矣

拖定制外養中之旨衍繹四箴渾融精細無一支詞賸語堅老之筆獨出冠時鄭奐門先生

研鍊入微故由理勝

子曰知者　一節

己丑會試　錢萬選

聖人發知仁之蘊而適如其所各至者焉蓋山水之樂非至動至靜者不能與于斯也則樂壽固其所自致矣夫子體知仁之深而發其蘊曰吾觀天地間有顯有藏有高有下有闢有翕有豫順有貞恒而人得之以為德其一為知者其一為仁者而不見夫樂在水樂在山乎夫水屬天地之知知者似之山屬天地之仁仁者似之且山水亦何執之有高深隱顯恍在目前俯仰優游時遊故物水之流山之峙原挾知仁之理以俱來知之精仁之粹各領山水之情而俱化蓋超于形上者幾微而難測呈于形下者迹象而非粗也其殆習坎而得

淵泉之趣敦良而得安止之基者微而不見夫感而動寂而靜和夫天地有動象知者合之天地有靜象仁者合之且動靜亦何定之有高明沉潛賦質攸異存養省察學力攸分動未嘗離乎靜々極而動不滯于有靜未嘗却乎動々極而靜不淪于無蓋渾而皆備者一之所以神分而成能者兩之所以化也其始會通而盡參伍之變默成而安寧謐之常者微而不見夫樂無涯壽無疆乎夫莫樂于天地知者得之莫壽于天地仁者得之且樂壽亦何盡之有心思耳目具發其機手足官骸非徒虛器樂其性樂其情樂其天太和于以得合壽其身壽其國壽其世貞固于以康寧蕃徵應不可知者適然之氣數

功效有必符者自然之義理也其始歷萬變而獲從容之致亘千古

而裕久大之量者歟吾是以反覆深思知者仁者而不能置也

繼亭

陸大宗師歲取莆田縣學一等第 名鄭夢恩

子曰射不主皮 二章

圣人情深古道一存其礼而已夫鄉射礼之行于鄉也告朔礼之行於廟也夫子心乎維礼者故於兩者尤競競云且先王所以經緯天下者何哉曰礼而已矣礼行于鄉則有尚德脩文之意礼行於廟則有尊君敬祖之思自後世日戾乎古重勇力者遂失其道忘尊親者几廢厥典圣人慨焉爲天下正告之復爲吾黨深維之而其心亦大可見矣我夫子當周衰礼廢之日發居今思古之情而習見夫既灌之徒屬虛文也公臣之不能脩耦也未嘗不感慨系之矣欲使天下之人稟王章以追古制而不失乎先王之道者也

（批：中的）（批：鎔題渾脫）（批：拍合全題）（批：想見筆淨勢）

一日者忽有感於射獨是射亦至不一矣大射賓射禮固有殊焉
射軍射道尤各别記之有曰射不主皮言禮射也思昔武王克商散
軍郊射而貫革之射以息非惟為尚力者更其始且為行禮者
慎其防也無何觀德之風既邈而主皮之藝復興雍容揖遜之文
閑而退讓之地釀為爭競之場志正体直之弗講而德禮之際化
為武勇之區嗚乎即一射之微而於悖乎禮者可勝言哉今夫禮
也者小之則行于一鄉大之則通於家國下之則驗諸人心風俗
之故而上之則在廟朝敬凜之處即如所謂告朔者非禮之大者
乎古者天子頒而賜之諸侯受而藏之典至重也禮至慎也乃何

以當日若公疾不視朔而正月始和之布於义果何有哉閏月不告朔而讀法習射之令（帶射字）於道又安存乎而為臣子尊朝廷為子孫敬宗祖為萬姓重民事亦惡在於能復古也子貢曰名存而實亡（反氣辣落）羊也徒供弗去胡為々禮非為羊也夫子曰名存而實因以存羊也可思欲去何意凡欲去之是為羊非為禮也若此者凡以維禮意於天下要不共乎先王之道焉耳嗟々禮之行也端由於上而（倡導東周）禮之失也流亡於下支漂之心身則為禮成諸侯則為道禮之（密又極頓挫）隆道之古也上之人苟尊敬恪共以明禮則下之人有不思敦禮崇讓以導道也哉吾夫子於鄉射深慨之於告朔深維之有以也

彼子貢者。抑何不明斯義哉。

陸大師相原評

氣体雄迈詞旨豐腴而古音古节𠃍溲充满行間

子曰射有似乎君子　一節　黃淳耀

申言君子之正己、於射得其似焉、夫君子之反求、終身焉而已、以夫子之論射觀之、即以爲論君子可、中庸論道之費而約之於身、以爲知命者聖人也。俟命者君子也。聖人之於身無所不盡。故優游泮渙之意多。君子之於身無所不求。故戰兢惕厲之心容苟以爲推理直前。而。其不可爲者聽之而已。猶非君子所以自得之本。

（緊承俟命下轉身乃見反文喫緊處）

也。夫萬物之動吉一而凶悔吝三則雖君子所處亦無盡如吾意之時。而其可以自必者。幸必之懷。不喪於事後而已。且人之遇富貴少而貧賤夷狄患難多。則雖天命所予亦無獨豐聖賢之理。而

（拈失字意確。入亦混俟命。休会而出）

（尤足破人妄想）

其可以自信者。寡過之身。常視之如多過而已。昔者夫子觀射而嘆其旨蓋深遠也。曰射有似乎君子。失諸正鵠。反求諸其身。斯言也。（提清）論射非論君子也。而吾即射之似君子者。思焉正之說也。（先述論射）賓射有之也。俎豆在前。長幼在列。德行之善否於是乎觀。故天下有不善射之人。無不欲中之人。誠欲中也。其求諸志正體直者久矣。如是而失焉。吾亦可以免矣。而必熟復焉。（跌入一步乃益見反求心切）思所以矯乎其前鵠之說也。大射有之也。天子備官。諸侯時會。祭祀之與否於是乎擇。故天下有不矜得之人。無不慮失之人。誠慮失也。其求諸心平體直者早矣。如是而失焉。吾亦可以止矣。而必究圖焉。思所以慮乎其後何怨耶何尤耶則甚矣射之似君子也而君子之似射從可識矣夫忠孝臣子遭時不幸而無幾微慚負於心其視射者之扞格於心手失同而其所以失不同也然君子終不敢歸過於尊親如大易之所繫文明正志皆責躬而他無所憾耳志士仁人處世齟齬而無一事罪累於己其視射者之不勝而揚觶失同而所為失不同也然君子亦不敢厚誣乎天下如詩人之所咏儀一心結皆世亂而不改其度耳是則貧賤而無隕穫之患者富貴而亦無充絀之心患難而不失其常者夷狄而亦勿之有苟矣嗚呼君子之身其子臣弟友之道之所凝而日進於高遠者歟

朱子論讀書法謂當橫看側看又云聖人言語皆枝〻相對葉〻相當今人只是心粗不仔細窮究讀蘊生此文則中庸一書文勢語脉思過半矣原評

題語是射似君子章意乃君子似射心苦為分明拈反求承侯命作轉語吃緊在矢處着力為全章語脉歸宿其見先生讀書精審

子曰齊一變

盧澤

丁監秦少司成大課超等第三名

救亂者存乎變聖、先有望於齊焉夫齊強國也而其變尤不可不亟此子所以先籌之乎且天下競尚伯業矣定三革隱五刃赫赫乎功烈之照人也乃聖人於此感王降而伯之由思移而易之之術曰伯功衡國勢非必以其強而郁之而若恐恃其強而不改計則以功利之不足為而更化之大可恃也慨然曰我王先謨烈之顯凌夷至今當此而欲發憤有為豈不恃乎眷然思變也（提筆高卓）吾蓋觀天下之大勢而深望于齊矣齊之也六、猶傳陰謀而好者祖之九府著成法而貨殖者祖之觀國者於是以影謀之決

祖宗而不然。世訓敬怠，則師先王；尚賢使，則兼周禮所以彰藏
室外臣猶將述舊職而思夾輔之功，此以變本加厲者前人
不戶其過。齊之後一壞壞于僖之小伯，而鄭僖服於前，再壞于桓
之大臣，而諸侯合於後。繼世者方幸以北面之朝與國，而不然
也。內治荒則本則不正，遠略勤則德不懷，以至害中人心
知。誇爲黷而誚儒生書之誤，又何況變古易俗者于今且莫識其
其歸是不識有待於變之哉。間嘗即其勢而籌之，蓋非一變不可。
內政作而司馬九小之制亡，軌里連設而司徒邱甸之制亡，變之
于上而法紀明，君纅爽鳩臣李世無益也，故變其官常之失而

舟鮫衡鹿不爲守變其軍政一失而北伐東略武變其無算之失而縷簋朱紱不爲侈踰亟亟焉思體國經野之謨端厥治者無事乎七法備而五輔具官山府海而太宰之九職亡踊賁屨賤而士師之五禁亡變之于下而民氣靖利權重輕音飭敎辟無爲也歟變其俗之逐末而魚鹽蜃蛤不爲富變其俗之亡禮而僭堂僭不爲刺變其俗之便捷而從壯從狼不爲夸詐循循然守德禮政刑之教洽其化者直達乎聊攝東而姑尤西吁嗟吁能輔君而不能格君禮義廉恥之不張何事談山高乘焉晉公知將亂而不已亂父子君臣之胥正何難追荇藻鸞鳶於蓋如是而後可至于

也。且至是而可不僅至于魯也。而更不能不深望于魯矣。

立論具有針对高談驚座想見王景略見桓
溫司馬時　原評

茫力肩傳論議深切持大眉明之作　吳畫圖

立論具有針對高談驚座想見王景略
見桓溫司馬時　原評

子曰隱者也

隱士中有丈人也聖人閑而邑勤爲夫夫子方悲隱者之多而不意又遇一丈人也將隱其終于隱者乎且自天下無邦而賢豪散處名山大川之間往往多高人逸士焉而吾人輒車所過皆心識其爲用世者也而識之惜之猶是子今所遇之丈人則有異焉者田間數語徒責其遠遊信宿棲遲不問其所自若不知吾爲何如人也雖然丈人亦知吾之爲人吾已知丈人之爲人矣異哉子之所遇而有斯人也異哉子之述之而令我如見斯人也吾欲以爲濟世之士而又怪其荷蓧也勤四体而分五穀也而其人則宛然農家耶吾直以爲農家者流而又疑其止宿也爲鷄黍而見二子也而其行又似非常人耶噫嘻我知之矣丈人生當盛世乘時而利見因之初被天下澤潤生民此得志之時者之所爲也斯人則無其遇仰人生際末流畏天而憫人於是躬掌不爲勞馳驅不辭瘁此有心當世者之所

爲心其人又非其倫若夫哲士見幾達人知止長爲世夫以沒世往往姓名不以傳於天下後世不必顯於人間如吾所慨作者七人皆其儔也斯人亦其流亞與則隱者與惟隱者之立志甚堅見天下之不爲隱者而心竊悲之也故田家況味然亦感諷之懷然跡其空實歟洽天何勝勝其有情也吾知斯人亦無心於遺世獨立之心特以心不得舒有托而逃者也抑隱者之所見甚異見天下之不爲隱者而心竊非之也故庭闈聚順微動迴車之志然即其一室雍容圃已彬彬守有托也吾知斯人亦無心於玩世肆志之爲特以事不可爲獨善於家者也嗟乎今天下何隱者之多哉以予道途所經悲衰鳳者隱者與托跡抱關潛蹤荷蕢者隱者與乃不意予也偶然相遭復有此荷蓧丈人也豈非吾道之無人耶予其亟招之

子曰隱者也　姜楨

隱士中有丈人也聖人聞而色動焉夫夫子方悲隱者之多而不意又遇一丈人也將聽其終其隱者乎且自天下無邪而賢豪散處名山大川之間往往多高人逸士焉而吾人驅車所過皆心識其為用世者也而識之惜之獨是子今所過之丈人則有異焉者田間數語徒責其遠遊信宿棲遲不問其所自若不知吾何如人也雖然丈人不知吾之為人吾已知丈人之為人矣異乎子之所遇而有斯人也吾哉之述之以令我如見斯人也吾欲以為清世之如而又怪其荷蓧也勤四體而分五穀也而其人則宛然農家耶吾直以為農家者流而又疑其止宿也為雞黍而見二子也其行又似非常人耶噫嘻我知之矣夫人生當盛世秉時而利見因之功被天下澤潤生民此得志於時者之所為也斯人則無其遇抑人生際末流畏天而悲人裁是執掌以為農馳驅不辭瘁此有心當世者之所以也斯人則誹其[illegible]君夫哲士見幾之士[illegible]長為農夫以沒世徒以姓名不必傳於天下[illegible]間如[illegible]所

子曰隱者也　姜楨

慨仰高山皆其倚也斯人亦其流亞歟則隱於矣惟亂者立志堅見天下之不為悅者而以窮愍之也故田家況味黙示感諷之悵然動其全實髮以又傾騰騰其有情也吾知斯人亦無必於遺世獨立之心特以心不得舒有托而逃之也一耕隱者之所見甚異見天下之不為悅者而心窮悲之也故庭闈聚順微歡迴奉之志然即其一室雍容固已彬彬乎有礼也吾知斯人亦無必於忘世歸志之為特以事不可為獨善於家者也嗟乎今天下何悅者之多哉以予道途所經遯哀鳴者所著者歟托跡抱關潛踪荷蕢者隱者歟乃不意子也偶然相遭復有此荷蕢蓧丈人也豈非吾道之無人耶子其亟招之

子曰臧文仲其　一節　林德聳

發蔽賢之隱難令天下見也蓋位惟其賢以惠之賢而不與立文仲豈猶未知耶以竊位目之也固宜令夫賢才之淪落在位者之責也然第以其不明而責之則亦可以其不明而恕之乃若素負知人之鑑而亦甘自託于不明之列此其曖昧不言之隱有難以告人者矣魯有柳下惠者其不得位也以無與立也其無與立者必以為非賢也在惠亦終以世無知己老耳豈有責望當事之心哉然吾獨謂惠之賢非無知之者惠之不得位固有竊之者竊之者誰蓋即知其賢而不知與立之臧文仲也抱上聖之資而屈在下僚其三黜不去之概

天下惜之而何況于文仲負智士之治而職司薦剡則三公不易之節旦暮拔之而何遺于柳下乃當日之不與立者果何心哉以文仲之明而國鈞是秉豈不顧有薦賢之譽然而如惠者顧可使之居人上哉其賢益著則其舉益難是惠以賢之故而自絕其登進之路與當文仲之時而野有遺賢寧不知為在位之羞然而是位也豈可使之移于人哉據之彌久斯共之彌艱是仲以知賢之故而反開其汲引之門也欲以為賢而不得欲以為不賢而不能輾轉圖維而知識如渴之誠終不敵其較短絜長之懼欲不與立而不安欲與立而又不敢依徊顧慮而秉彝好德之良終難奪其權移勢謝之思是其不

與立也以惠之不賢謝人而欺其同官欺其君上其事直有類于穿窬以已之不知謝惠而外托于暗內成其奸其行且下同于竊奪謂之曰竊位其誰曰不宜噫彼惠亦甘心終老矣而如文仲者乃冒竊之名而不羞也何以謂之文哉

無一語不洞中竅要胸中真有慧珠

子曰繪事後素　曰禮後乎

善解詩者即繪以悟而善悟詩者於禮足會焉夫繪後於素子固借以解詩也子夏乃悟及乎禮能以予之屬乎夫
一一者不特一繪乎且天下之不容紊之節次而即之有奇通之義類搞夫人為即物以為示而目前之達藻未[闡]安望於予
之執乎殊[闡]者惟別其疑者接一解以析一解斯神其悟者得一解復進一解乎不相蒙而理可相引其[餘]會子徽者
其夫子子夏之疑素以為絢也夫子以質局有然旋不容視為一致於詩言果孰為先乎抑孰為後乎何其比而同之也
雖然合彼此而兼權雜若深論而圍亦循始終以遞及相防次第而相推今夫天下之足待于為者何一能為乎後哉夫
能質固不立程功者亦原其始也質殺文亦不行深致者亦要其終也惟其理能可以一端盡之而未嘗不即一事見之也自爾雅
者絢爾畫現繪事乎舟青雜陳亦能憑虛而宣榮是化成之效要之也天下既彰人工斯施繪不能之為後起者何嫌
閑淡成炳蔚之現元黃雜備必有附麗以彰旋是惟足為之地者也既居其貴惟非所明繪不能後為後圖乎何以入
朴遂代澆離之象現夫繪後於素乎子夏亦可以知所從矣抑是人尚文成之見亦於此一時聊以凝滯乎自遠禪一正之為之
借鏡以明其悟夫天下之事詞具義自瞭然同意于禮所而人尚成先之序既而思之前義證繫之專歸然一至為

之比例以現其郎宇宙之高下散殊且發緒於身乎意乎亦擬之夏矜繪之記固可以知衡之矣亦可以知絢之參遊

而言曰禮之文三百三千之繁賾而難紀也向亦謂是英華之最著焉耳今而知周禮一冊將為關雎麟趾之餘之志

不肅雍於而承筐之悅不屬雍熙而蘋蘩撥克予之在鼓成其務不僅工人之藻繢彩飾貴多貴少之委曲而繁簡之不

増是向儀之極致焉耳今而知儀禮一書不亦之繁越揚調之務也葉栽不設飾以簠簋是陳觳蒙不設何以几杖是標椸枷之等

之北乎成其發乎後由藝之文隨現也其一情也固周子之成素一言之以引之而書子之言成李宴未素什良乎來後正性者誇於

第即繪以後絢而悟詩其處固繪而而及禮也夫子許以隅嘆其起予而於與其言詩也

子曰繪事後素　二節　阮爾詢

因論素而知學惟不執詩者能言詩也夫知繪之後素而凡爲後者皆可借以觀學矣商以禮悟之而子仍以詩許之君子曰不執詩以言詩詩之教也且事以有待而起者昔之人亦不能明言其由來之故而學者於師說之所及曠然以解如見乎前人垂教之心則高其學識名以專家而師之樂有弟子傳古人之樂有今人也商疑素絢之說而子以繪事解之誠見事之有素不能無繪者靜也五彩之彰施將以改天下之觀而飾耳目之節則踵事以增矣者見繪之濟素之權焉而事之有素不能擅繪者亦勢也自然

之昭質原以待繪起之功而顯在中之美則異事而同趨昔見繪
有從素之義焉于蓋就詩以說詩以措其爲後于素者而見繪即
見素也夫繪事其小者也天下從質者處先從文者處後素也者
繪之本質也夫無所托必緣質以自存而天地渾灝之氣漸積而
然文明之天下其道固常如是也天下從天者居先從人者居後
素也者繪之先天也天不虛行必附人以爲用而人心原樸之存
漸漲而爲外觀之氣象其理又常如是也在昔先王惧天下之有
其意而無以自達也于是制礼以維之拜稽既設不能舍此以言
忠孝帝既陳不能舍此以言敬而適于此時已有礼後之悟也則

信乎其深于詩而篤于學也嘗觀詩之為教也其義不滯于語言文字之地而可以觀好學之深思其文不越于人倫物則之間而可以起斷章之遠志商也篤寔為學國時奉一礼以相周旋而斯須不去之功忽于言詩之下及之是詩之起商也而夫子教學不倦亦嘗異乎礼以為授受乃偶然未及之旨及于商言詩之際動之是商之起予子也夫子能無深與我若夫二南明教化之原三頌形功德之實雅以著盛衰而風以觀奢儉又何莫非礼也而卜氏遂以能詩傳矣

子曰繪事　二節　　閔應麟

因解詩而悟禮、賢者深于詩教矣、夫繪事之說、即詩人意也、而子夏因後而悟禮、不誠深于詩教哉、且天下何物而非詩意乎吾人何事而非詩境乎而惟得其解者可以詩之意解詩亦可因解詩而不拘拘于解詩而無非善于解詩昔子夏之在聖門善治詩者也一旦以素絢為問其始欲夫子興之言詩乎獨是詩人之旨趣至微每借境而寄志故嘗以不相涉之事而比類屬辭、不憚於曲以繪神然而此意難為拘牽者言也而吾人之心思貴靈在畧迹以原情故雖以不相類之數而因境起悟不難借証而旁通然而

此意此亦難為固滯者言也微夫子言我知詩之中無非言繪〻
之內隱寓有詩也易絢言繪而詩人之比擬恍乎可覩易為言後
而章什之漸次悠然可思夫子始明〻許商言詩矣乃商不徒言
詩也忽而言禮朝廟之趨蹌冕藻之赫奕其始有先焉者乎是三
百三千皆可作繪事觀也在夫子解詩時意不計及此矣不仍言
素何以後也而直言禮後拜跪之濟〻揖讓之雍〻其繼而起焉
者乎則一名一物並可作素絢觀也即商質問時亦未設此想矣
言在詩之中意超詩之外是以詩言詩而詩在不以詩言詩而詩
更無方也誠知商言則知天高地下無非詩境萬物散殊無非詩

類推而廣之則凡有形有色之區悠然而遇無聲無文之韻矣夫下之抑亦者有如商也哉寄托雖在詩之外會心仍在詩之中是于詩見詩而言猶泥不于詩見詩而言始神也誠如商言則知倚仰動靜皆留詩之逸趣耳目心思悉載詩之生機曠而觀之即至無色形無色之地恍然而寓有文有聲之情矣天下之固滯者有如商也哉惟時夫子曰起予者商也始可與言詩也已向非繪事一言而何以致此師弟一堂論辨千古之詩教以傳云

子曰關雎

廿七名 王鳳翥

編詩有微意，念風始而情深矣。夫關雎為南國之風，而詩即以之為首，編是詩者豈無意哉。子[illegible]
及之而情深也。今夫詩立為義六，雅頌之外，列以風比賦之餘，參以興。夫其為大史之所[illegible]
求矣。乃有身處閨巷之中，職居嬪婦之位，不過偶陳所見於物，而舍此即無以為三百篇之冠
者，抑夫子為詩從然定，務然有得，契焉曰：古人手定一經，必擇其言尤雅者為首，故易首乾坤，書
首聖降，而詩以首關雎。或曰風化正也，或曰非也，蓋王業本之，乃吾嘗肆業及之，而知古人所以
端於始之意，當不僅此。夫周之興也，得內助之力居多，有即家室歆聲祀，以詩者是為未嘗聞
原之脊字，而關雎一詩，特為后妃詠也。他無聞焉，且其詞出于勝書，遂為全詩之冠，非深得于風
人之趣者不能也。從而加以揚厲鋪張之，自亦哉之乎論。關雎若是，且夫妃匹之愛，雖臣子不能得之君父
關雎之在異何為？即夫物欲有觸，唱和由之以通，鶉之奔奔，[illegible]，非正也，蓋各有其別也。[illegible]則雖
固有所入而不亂其[illegible]，[illegible]有辭于韶，濯河洲而[illegible]獨長流行之波想
看雎[illegible]好逑[illegible]不過是也。后夫人德行侔乎天地，而深宮燕婉，獨觀感于儀
容動靜之[illegible]，[illegible]謳吟，遇物能賦，第觀其一在異之間，而意固已遠矣。吾聞詩言志，歌詠言

無故二南自秦房中而關雎稱亂所以懿王業之本也顧崇以此終詩以此始謂詩之要同無常則美

淳履武何不列雅之端思齊太任亦得附風之末而況巾幗之倫非有文學之素也侍御之賤非

有著述之才也妾媵之詞非有士大夫之雅也乃矢口成音傳諸不朽列之葛覃之次耳止而不羈

四不階者斯隻雞鳴頌人能獨可同日語哉是乎詩以性情為事也學子觀夫哀樂之際而

知關雎誠正始之音其所以為三百篇之冠者豈無意哉誦關雎者其審異焉

小：風流俯仰揖讓

子曰關雎　　王鳳翥

編詩有微意、念風始而情深焉、夫關雎為南国之風、而詩即以之為首、編是詩者豈無意哉、子故念及之而情深也、今夫詩之為義六。雅頌之外列以風。比賦之餘參以興。夫其為士大夫之辭。固宜深人歌咏矣。乃有身處街巷之中。職居嬪嬙之下。不過偶陳所見。托物寫懷。而舍此即無以為三百篇之冠者乎。夫子考訂維殷。尤穆然有深契焉。曰古人手定一經。必擇其言尤雅者稱首。故易首乾坤。書首釐降。而詩則獨首関雎。或曰風化下也。或曰非也。誌王業之本也。乃吾嘗肆業及之。而知古人所以造端托始之意。當不僅此夫周之興也得內助之力居多有邰家室欣肇祀以升香走馬來朝慶周原之胥宇而關雎一詩獨為后妃咏他無聞焉且其辭出于媵妾遂為全詩之冠非深得于風人之趣者不能使徒加以揚厲鋪張之目亦淺之乎論關雎者矣且夫妃匹之愛雖臣子不能得之君父關雎之托興何為者夫物欣有耦唱和而志以通鶉之奔奔蓋非匹也燕之差池悲遠別也茲則雌雄有序入羣而不亂其羣應感變鳴振韻而有餘于韻濯河洲之羽化日猶長泛流荇之波機心胥泯雖以窈窕好逑者擬之其情當不過是也后夫人德行侔乎天地而深宮妃嬪獨觀感于儀容動靜之微搦管謳

吟。遇物能賦。第觀其一托興之間。而意固已遠矣。吾聞詩言志。歌咏言懷。故二南之奏房中。而関雎称亂。所以誌王業之本也。碩樂以此終。詩以此始。謂詩之意同乎樂。則姜嫄履武。何不列雅之端。思齋太任。亦得附風之末。而况巾幗之倫。非有文學之素也。侍御之賤。非有著述之才也。妾媵之辭。非有士大夫之雅也。乃矢口成音。傳諸不朽。列之葛覃卷耳上。而不驕者下。而不僭者斯。豈鷄鳴碩人諸篇可同日語哉。嗟乎。詩也者。性情之事也。君子觀夫哀樂之間。而知関雎誠正始之音。其所以為三百篇之冠者。豈無意哉。誦関雎者其審之。

子曰關雎

音亭擬作

聖人為讀關雎者訓、將以既乎其寔焉、夫關雎之義、何所不該、而關雎之詩熟讀者而可以得其寔矣、故舉之以為學者訓耳、今夫齊家為治平之基、而家不齊由於身不修、夫子觀周之德、與周之所以王、而欲學者有以勉其寔焉、不必修陳治化之隆、而與言理性情之事也、曰關雎其至矣乎、蓋惟聖人正位乎外、凡宮寢燕私之間、無不明告天下、此卜天作之重、觀迎此自有不容已於感通之始也、聖人正位乎內、凡履武敘歆之遠、足以嗣徽音而昭奉神靈、而惠摩下此者有不容已於懷之懷也、關雎所由作也、夫君子之作詩也、有詞有音、將欲導盛美於乾坤、而形容贊嘆之餘、未能與乾坤之精以絲和、主還位鋪張揚厲而有懇不及量、毋寧過量之思、玩其詞此慨然於史氏之傳焉、將則歌詠之陰陽而抗墜疾徐之間未能協陰陽之理以調二氣之平遂以繁聲縟節而有繼而繇深傷而易流之勢審其音也愀然於衰世之感焉是以於刪定之下神遊於成周之隆而考之後關雎也仰則天俯則地道之所行德之所存與關雎之美也而作詩者雖始於后宮眾妾誠侯夫人大夫妻類皆能文章而知者問於命者之二南以求其端參之列國以昇其變正之於雅以大其規和之於頌以安其正此全詩之旨也而地以關雎較之鹿鳴之章（氣象總以遠）文王之章清廟一章先矣正其始而成其終者合即關雎而大周之由房中而御國而蒞之郊廟告治化之成也即關雎而切究之由文王而后妃乘逮宮人一性情之正也哀樂有節者於此可以觀矣

此章是教學者讀關雎以自理性情與不為周南等詩面牆賦桃夭而教國人者不同所謂理本相通義各有當也

子曰關雎

郭殿欽

聖人欲以詩教正天下而神往於風詩之首焉夫關雎人幾習而忘之矣子之念之也意深哉今夫化之行也自近物之動也以情以感乎化者感乎物風詩之中不多靚焉然苟深探乎化理之原則開卷即已有獲固無俟繁稱博引而有形之物類可以寫古人無形之衷曲者正足深後人無盡之流連蓋吾夫子欲以詩教正天下久已一日忽有感于關雎開國有鴻謨白奐丹鳳矣出而呈盛世之光華乃休嘉所播始自宮庭而太和之洋溢先于近侍發其端啟邦資賢佐熊卜鷹揚蔚起而作皇家之羽翼乃妃匹之際

動關民社。而宮闈有謳吟。早以和聲鳴其盛。關雎之作。豈偶然哉。且學者興於詩。而成於樂。而關雎於詩爲首。於樂爲亂。元鳥降而先商徵發祥之有自。顧彼第直陳其義。而此則曲致其情。曲者之情。尚可以一端盡乎。當日者。率意而播爲歌思。寔有俞夫舟梁天妹之本原。樛木第以言慾。采蘩僅堪敎孝。不足以云矣。夫宮闈至邃。瞽御何知。而一言之感通。覘治者直以周禮之發原。發原正始之育。麟趾應之矣。而能弗重念此關雎。走馬來而胥宇姜內助之皆賢。顧彼猶歷溯夫前休。而此第專抒其隱曲。專者之隱。毋亦有發於不自知乎。當日者。本情而作爲文章。寔有見夫自天作合之

精意寓中敬其夫婦。嬪饗奏之嘉賓。有由然耳。夫風有采蘋。雅有
洞酌。而二南之冠首。訂樂者獨以摠乎嘉魚華黍之大成。惟時以
情。神明鑒之矣。而誰其熟審此關雎。蓋雖宮肅廟。濡染深則鼓舞
自神。賢君子之耦。協乎陰陽。而雎鳴其豫。遂以潮發祥于文定。婦
寺有抒詞。雖驗卷耳葛覃。出自后妃之手。皆編之于後。以是為至和
流播之最先也。則關雎所以為万化之原者。將于此系參其肯。綮間
貞靜。至德神則感孚倍摯。后夫人之行。俾乎天地。而雎然同其情。遂
以播顯光于渭涘。內官傳盛事。凡鵲巢螽羽。感深學士之心。總藉
此發其凡。以是為德化感被之最深也。則關雎所以為羣情之的

者。當于此會其全。樂不淫。哀不傷。蓋于性情得其正矣。子所以神
往于關雎也。

子生三年

計子生之年，則所生者可念矣。夫子生之三年，皆人人所必有之天也。一計及之，能無惻然動念乎。警寤子者曰：夫人自有生以後，幾忘其所自來矣。是以子之報親也，罔惘厭終，不知親之育子也。情先然也。乃念我生之初，而亦時時計也。當有動人深思者矣。何以子之不仁也，子第知穀升燧改，苫塊之日月爲長，亦思熊羆告吉之辰，飢飽者已非一日。子第知禮壞樂崩，飦粥之留難已久，亦思襁褓衣裳之後之勤者又當何時。吾且未言親，先言子，子未言親之後，言子之，子之如是不有三年乎。子之長亦也。入學就傅，知識漸

閔斯望其有成之殉恐抱提之日其遂能至此乎孰彼之々所以
致嘆於生我也古夫我人何為而致嘆與則三年中所謂瞻依者何如
矣子之方壯也懸弧設矢經營四方咸稱其能自立矣轉憶鞠育
之々其遂能有此日乎小宛之章所以興感於所致也夫非所生
昔人何為々々歎與則三年中所謂顧復者何如矣論怙恃之恩
昊天罔極所當念者寧獨三年而不知此三年者人之所皆
也皆有猶正可念耳子自任其啼笑親軫歷其誠求思斯勤懈乎
之閔斯夫非此三年也哉論萊文之孝終身堅其孺慕所難忘者
奚止三年而不知此三年者子之所盡然也盡然者更難忘耳人

第見其荏苒親已幾歷居諸。匪朝伊夕。生我勞瘁者。夫非此三年也。哉。予乎報親之三年止覺其長。生子之三年偏覺其短乎。予於之三年我一朞而爲有餘。親於子之三年缺一日而猶不足乎。予所三[illegible]年而免於父母之懐至

子貢曰君子亦有惡乎　一節

觀君子之所惡、所以杜天下之亂源也、夫使君子而無所惡、可惡
者日滋多矣、子因子貢之問而詳指之、始以杜天下之亂源也哉、
今夫人慈祥在抱、固將胥天下而含蓋之也、而要爲斯人儲福命
之原、即不敢爲斯人滋回遹之漸、故設心凉薄、亂起話言、而禀氣
乖張、禍流家國、惟本疾邪之隱、以樹厥大閑、而後知大公爲心、正
不獨高優容之迹爾、且夫、君子、固取風俗之盛衰、人心之邪正、盡
而杜漸遏流、以自持于不樂者也、斯世苟盡歸氣化之醇、則同術
同方、無勞涇渭、何以以遏爲剌、皆大肆其口誅筆伐之權、以人

生既未協性情之正妙一言一作迨故囂淩何得以根小包括勸
隱蔽其業正所恥之用子貢之以亦有惡問也豈非預扶有惡之
見以來而欲折衷于夫子也哉夫子于此遂備列其類而區分之
亦實指其情而顯斥之隱惡為公豈即邀名于長厚弗揚所短悔
心有由開也奈何稱人惡者絕少規勸之誠徒肆齒牙之論將無
可自拔而悔悟亦頓絕其機尊親是戴非即思媚于君王身居愚
賤循分固宜然也奈何下訕上者謬託庶人之議絕無忠敬之忱
將自顧何人一曰而敢滋其妄至于具方剛之概實而以姬發以
定其衡若宗缺未束于經常即血氣彌資其

釀為亂階則勇而無禮者非耶凝堅確之神[illegible]
若用壯用罔之早除必有猷有為之皆阻然悵何之勢[illegible]于所
往則然敢而窒者非耶悉是者其立心之薄無能善人者並無能
善身而賦性之偏可以亂常者兼可以亂俗君不用是瞿然矣世
運有何淳澆惟此一二宵人最足薄國家之善氣寧知仁厚忠愛
胥慝且肆猖披乖離奚恤日用云為之則君子持之而不足斯人
敗之而有餘則即嚴不齒之加而猶恐不勝乎其力又心有何純
駁惟此肆焉罔已以足長根本之澆漓士行既敗于同儕而犯上
者俱成謗史戾氣[illegible]于天性[illegible]事者遂以驕[illegible]生[illegible]言動之

經若人自以爲莫非如何君子不其非我族類以深以如讎之
疾而不得目之以好訐君子亦有惡也而子貢何疑哉不然者納
汙藏垢君子概優而容之則四者爲風俗人心之蠹豈淺鮮哉吾
設巨君子之有惡所爲杜天下之亂源以相持于不弊也夫

相際勢以布局練淳意以鑄辭其規撫氣象居然泰
山岩岩令人不敢逼視　廖永符

子貢曰君子亦有　一節

己卯順天八十九名　姜綸濂

惡舉所惡之實得君子維世之心焉蓋君子以世道計至切也明其有惡而惡舉之何一非維世之心哉如風雨且人即不爲君子所欽奚至轉爲君子所嫉然險詖在所必斥而剛愎有所不容則凡世之見嫉于君子者要各實有其可嫉之端而不妨顯寘列之試爲之總按其情而儒者維世之苦衷已昭然大白于天下矣我夫子之心蓋同然而惡生焉此人情所不免也況膺世道之重如君子者屆以昌明入有濡傳鄉崎之容紙何拔弩張之氣氣轉爲敦龐則囂陵不作何必自世相忘于漠漠之天乃自古道云遥而風俗移事多顧忌乎俗常之無欲與默而識深恐

陪之源々之情々顧忌則名義々昭々見言辭々洞達々蕩平之
宇乃旬世途叵測而氣質所以其俗每醸成為風俗雖出以淳厚
之素志亦殊覺咎無可原微子貢猶固知君子亦有惡也子貢乎是
析舉夫可惡之實而並徵其能惡之情聞之耳可得聞口不可言
君子所以表長厚之風奈何有見人惡而稱之者很彼身心之憾
供吾口舌之資夫豈有當于忠告之義與蓋其立意為己議[illegible]
則歸已善則歸君君子所以明忠愛之忱奈何有居下流而訕上
者非有盡忠補過之懷徒逞怨謗譏評之口其豈得附于清議之
公與立其居心為甚悖矣至若勇為天德君子必範之以節文乃

恃其勇而不制以禮則氣以亢而難馴情易激而生變此犯尊犯齒大抵由于血氣之強也其桀驁猶可容也宋設作矣亦君子必道以學問乃挾其果敢而或流于窒則志以堅而難化行且詭而不經凡獨斷獨行大率成于執拗之情也其謬戾尚可問與此君子所由歷歷惡之也居恒靡無有作惡之心則情爲未呈豈必懸擬此四端以相待然博覽載籍舉挾私呈貲所爲流毒無窮者常有不勝屈也君子知譸張變幻之風實關名教剛常之大故以存厚德而非笑不形以戢雄心人躁矜乎釋有所惡以大爲之坊而笑□□訕者人倫之範肯懷□□譏而微疵可

客豈不留一〃余地以相容然必見刑〃罪見勿引遂至敗壞

相尋着固罪不容寬也君子知以滴狂蕩之肯每起一言一動之

微故騰口必斥清橫議之源壯吐必微絕恣睢之本有所忘以默（淋漓盡致）

為之惕而防微杜漸即以彰宰世之權君子之有惡如此其所係

顧不重哉

義吐光芒詞成廉鍔非醞釀深醇詎易得此煌〃大製 此今古未

子貢曰君子亦有惡　一節　州邠順入　奚寅

惡以君子為凖可歷指其所惡矣盖惡〻人所必有而君子所惡
世風係焉子貢故探其所有而子乃歷舉以示也且吾儒學養平
中意氣寧同于憤激而一二大端所指有明示斯世以匪彝之莫
縱者蓋將草薄從忠納於軌物以立斯〻之〻閑而非有心作惡
者之所能與也昔子貢默體人情深觀世道思夫惡之所用嘗〻
君子為歸爰進而核其所有也〻區夫君子也而豈興惡哉夙昔
躁釋矜平未嘗逞情以疾物但從來吾前者人多長厚之言士修
川謹〻行君〻〻將偕比戶丟〻甘　衆愚〻懷自懼乃居亘

氣正以來不作與世為推移一、於今日之囂張日甚
事之決躁濫開君子將力於頹風於古處罰創懲之意猶嚴則試
約舉所惡以例其凡且備言所惡以明其概君子隱惡而揚善可
不謂厚焉乃稱人之惡者何逆而旒也肆口譏評妨自新之有然
任情指斥阻從善以無門縱修士危疑浸以懷慙思奮而薄俗然
漸伊何底耶則有惡君子尊君而親上可不謂恭焉乃居下流而
訕上者何背而馳也自為愚賤輒臆決而偈褻義屬帝天敢深文
而巧詆縱聖朝寬大不以監謗嚴誅而流言日熾胡可訓耶則有
惡勇夫決於理之謂勇勇不害上月堂可登矣而無禮以鄭之列

耳目手足骨以躁妄失其官貴賤[illegible]以遂以忿戾踰其分惡氣於
之則常君子有爲達於事之謂果果[illegible][illegible]後艱阻患矣而偏窒
以狥之則剛愎自用無以酌古今之宜堅僻不情遂致貽蒼生之
稱惡徑遂之僨事君子有爲若是者人自遠其定則我乃拂其[illegible]
懷初未嘗預設一惡于胸中而本其還[illegible]迹[illegible]之素動遇人世[illegible]
矯誣將即之而若驚亦投之而輒戾即使世無其人人無其事[illegible]
吾之嚴其格以夫爲之坊者固不妨貽然君揭顯懲百族[illegible][illegible]儆人
苟遂逞其肆妄我乃確守其嚴凝亦詐欲心留此惡干高前而抒
[illegible]秉[illegible]嫉邪之思用矯末流之蔽[illegible]判心術目憂激薄

乏但今耳可得門才皆就範而丟　其用以隱為之繫者、
難淡為君忘默牖人褻于正始君子之有心若此子貢乃光然于
惡之所有君子亦然蓋私心竊自侍也

局意不異于人難其覈句省字烹鍊功深揔發處渾灝流轉字
字墨法

子貢曰君子亦有　一節

己卯順天　四名　邊嚮禧

觀君子之所惡所以杜天下之亂源也夫使君子而無惡恐可惡者日滋多矣子因子貢之問而詳指之殆以杜天下之亂源也哉今夫人慈祥在抱固將胥天下而含蓋之也而要爲斯人備福俗之原即不敢爲斯人滋回遹之漸故設心忘薄亂起話言而梟獍乖張禍流家國惟本疾邪之隱以樹厥大閑而後知之爲心正不屬焉之迹爾且夫世于者固風俗之盛衰人心之邪正遏流以相持于不敝者斯世苟盡歸氣化之同乎隱蔑此勞涇胃可必以過爲刻者放者大肆其口誅筆一權乃

而杜才協性情之正則一言一遣敎罔忌憂何得以包荒之
崇正斥邪之用乎吾之以亦大惡罰也豈非荀子惡之
見以柔口能折衷于夫子也哉夫子於此遂備列其類而並分之
亦實指其情而顯斥之隱惡爲公嘗即邀名之長厚者皆揚所短悔
心有由開也奈何稱人惡者絕少規勸之誠徒肆齒牙之論將無
可自拔而悔悟亦頻絕其機尊親是戴非即思媚于君王身居黜
貶循分固宜然也奈何下訕上者謬託庶人之議絕無忠敬之忱
將自顧何人一矢口而敢滋其妄至于且古剛之概貴嚴忌護以
官衛若官骸未束于經常即血氣彌資于深驁狡焉忌逞勢必

醇君乃亂階剛勇而無禮者非耶凝堅確之功於通權變以全其行
若用壯罔之是矜必有猷有為之皆暗然何之勢乃窮乎所
往則果敢而窒者非耶若是者其立心之薄無能善人者並無能
善身而賦性之偏可以亂常者兼可以亂俗君子用是瞿然矣甚
運有何淳澆惟此一二宵人最足薄國家之善氣每知仁尊忠學
胥忘且肆猖披乖離奚恤日用云為之則君子持之嚴不足斯人
敗之而示餘則即嚴不甚之加而猶恐不勝乎其力以求何然
駭惟此肆焉罔忌最足長其心之澆薄士行既敗于同儔而犯上
一旦卒謗史 既根于天性 赴章者遂以陵幾 平言動

亦亦人自以爲我如何君子也知其卜我族類以如讎
疾而不得目之以爲苟君〻亦不惡也而子貢何疑哉不然者紛
汙藏垢曾不一概優而容之則四者爲風俗人心之蠹豈淺〻鮮哉夫
故曰君子之有惡所爲杜天下之亂源以相維持于不敝也夫
全是聖賢維持世教意着不得一語豁刻此乃聲息如聞也文
氣一往豪邁而詞格仍極謹嚴如岳家軍不可撼真不愧爲節
制之師　廖古檀
取緊勢以布局鍊凜意以鑄辭其規撫端〻象居然泰山巖〻令
人不敢逼視　廖承符

子貢曰詩云如切如磋

賢者論貧富而悟切磋之說、深契聖人未若之旨矣、夫詩言切磋、初
無與于貧富之說、子貢及此、則何者不為未若觀也、且天下之理、無
開講截不住。似一章題作法。從兩如字着筆。又須從切磋二字淺發。
窮、得乎其意、可以處境、亦可以為學、夫學之為道甚遠矣、苟甫用
方是此題作法。且上五字亦不可畧。
其功而不能復用其功、則其功必不精矣、而其人安能有會于詩也
哉、一日也、子貢以無諂無驕為問、夫子進而以未若亦第論貧之好
于点
已耳、絕未嘗於貧富之外更有所議也、而賜于是不禁穆然深思、欣
見淺
然遠忘、因而觸于衛風淇澳之詩云、如切如磋、貧本諸羽毛之粉則
粉本
其理外察而內疎、夫惟其疎也、脈絡之可尋、質本諸血氣之類

執

則其性外剛而內柔、太惟其柔有表裏之或異、道德功名事、就
義理善務言詩意尚古來旬亦實為學便得力用此物件似
皆非理止境也、苟以為可則然之而非可者也、細心始而知切覺知切之可
常角上刻畫工夫本懸而世掉即歸此直就切未若
矣、且安知切之外而後有磋也、使旋惆然無所加功、豈不自以為可
發擇似覺未妥
耶只用行習在在俱有可思者、以為未若則無時之可若也、切而磋、
磋、切誠未若守磋耳、且安知磋之外有不更有磋乎、而愈進焉而不
知所窮、豈不終身仍見一若不耶、雖然切矣、鎔鑄者善入迎刃而解、
雖是務本便文亦筆意呀
亦惟其有間焉耳、然既有間而可來則切既已精矣、胡為乎復有磋
就知雖斷之後、尚自有無窮之磐錯、志士之苦心、當與良工同此委
曲矣、切而後磋矣、金克者喜柔、摩厲以須、亦取其易然焉耳、然惟以

嗟乎字与嘆字。東是不好字面。既用嗟乎。又用嘆字。此是做文大破病處。

其易總則磋亦不過能精耳、豈復遂殊于切、孰知砥礪之餘、尚自有精微之奥旨、學問之精研、當如切磋之用力矣、嗟乎、雖由今視之、雖藝能之末、猶能見物理之讀隨齊脛之君、猶且念精勤之無已、（二句題後可用此意）竊思之、思之者今有觸于衛風淇澳之詩、所云如切如磋、如琢如磨、其斯之謂與、

作文須有精思、銳筆、使意義層生、詞采煥發、方能清醒、奪目、否者多粉本、便文心思便爲之窒滯、安能自生機杼耶。題既

添子貢曰詩云五字。上半篇須安頓此注字。然後轉落如切句。方合是題作法。不然。則如切如磋一句題意可通用矣。又何必添此五字耶。可知作文須先認題然後下筆。是作不特誤題不精。中間詞句多艸率處。須再改。

子貢曰詩云　丁丑[illegible]　李發岐

美君有所感而急通於詩焉矣詩能為貧富云之[illegible]子貢亦止尚貧富云久然而言然何宰也昔子貢先貧而後富者也其生平閱歷貧富之故在此於起見不為無[illegible]自之途亦岐有所得矣而一旦據以為得何於未嘗得也乃於[illegible]然若失之下則又我人乎其得之而後悔向者於古人之書而[illegible]而[illegible]嘗也難然自[illegible]說方其誦習之時固為之勞蒼為之運而於擬[illegible]題[illegible]出於且比物[illegible]子[illegible]得力[illegible]言已受一[illegible]皆恍惚之端每歎古人之勞我甚知而終不廢夫[illegible]果為[illegible]者[illegible]力描出於其以應我他日之一遇也迨夫入世而後昔則執今今後果有而一事已極淺深之致不知古人蓋示我久矣而息[illegible]會於當前

是得爾感觸而轉覺意境之無窮也此子貢與子論貧富而借詩之
以發端也夫詩以為貧云乎北門傷終窶矣而詩不云為富云乎騋
牝賦三千矣而詩不云云無諂乎淫諸見於公庭矣而詩不云云無
驕乎旌旗逮於下里矣而詩不云意如云樂乎亦矢有北蘇之歎而
詩不云折衝云婦禮乎無儀來鼠之刺而詩不云詩果何云也莫大
於天地其繁然而在我前者不勝紀也詩人每一時一事之託興想
亦識經圖度矣而豈嘗為是云云者特悲寓以示人人以為我之所云
當不爾也則詩不能盡也而乃宜矣以不竟自其……止於古
令其紛然而供我賞者在在是也詩人非取怪怪……異異覺特不

逼先得我心耳而事有私其所云若然恐人各互悔之薄視詩之所
云悟難延也則真可無詩也而子貢固曰與貧被意[illegible]詩別
自有云而道之子貢遂若逢詩今日之所云而代爲之咏也詩有云
子貢不待云矣即子貢亦不肯人云我云而苟有得於詩縱令他有
如云縱無以加於其上也子貢因詩而云詩亦樂得爲子貢云矣切
磋琢磨詩人可與言而子夫以子貢爲可與言詩矣
無題處有一段神氣力量薄出多擡不出之山腰雲斷樹腰烟横一
摩詰遊人處只是虛帳着得恰好

崇禎壬午福建

解元

子貢問曰賜　一節

解元　何承都

器足爲天下用質諸古而益貴焉蓋器以用世爲寶瑚璉貴於古若曰、使、遇、三、代、明王○則、賜、也、天、下、才、矣○且士君子用世○必先知我之待天下者何具○天下之需我者何物○而後出而應吾君吾相○不至有操挾寡裁之目○是故入而親師○進而考古○非盛世之彝寶不珍○非先王之法物不薦○此天○下○所○以○貴○吾○黨○文○質○並○茂○之○學○也○聖門如賜○股肱之選也○一日有問行考器之思焉○夫器成○於天○班玉輯瑞之年○滎河溢雒之紀○儼然郊廟馨香焉○奕然星辰垂象焉○則

崇禎壬午福建

儒者佩琛黻以秩天官其器本神靈所呵護而不僅隆席上之磬器成於人玄圭告錫之日玉瓚獲渭之歲煌然薦歆東序焉偉然追琢為章焉則儒者握璣鏡以輝皇塗其器原祖宗所培植而不徒貴懷瑾之名一向使賜遇明主而用之薦玉明堂之間鑄鼎靈臺之上則贊辭清廟品資熿炳而明粢嘉玉共有龍光燕饗之休且鼓歌筵簫之側刻璧況書之下則展瑞國華文章煌燁而陳階舉爵咸有玉瓚黃流之美然而物希所珍用稱所宜若賜瑚璉之器在今日曷可少哉夫子曰易於名者華也喪其實者陋也宜俗而

拂古者詭用之資也剡圓而達方者應博之乖也語其猷畧烓贍則裕優岳牧而結禬謹于俎豆衣冠不疚於學士焉太廟之中下以爵醑灑于簪緌吹笙以燕承筐以將賜其身為彝鼎哉夫觚異其名玉蘊於待今日而有菲薄古先之意則已不然則其為辟王君公之所拜者已矣語其亮資英節則道堪衡輔而軌物隆于風雅音詩無戾於古人焉山川之符不以彝氣淪於儕質登圭玉於祖德薦球璧於神天賜其鄉列藻火哉夫禮失於野樂失於鄭今日而大淆亂是非之尚則已不然則其圭瓚琮璜之所求者已矣

崇禎壬午福建

是知才以適用為貴以一身出處為天下之重輕而用以縴國為茂以一身重輕卜世代之今古茍有用者賜執此器可矣故曰大器若規矩準繩他日謂管仲器小而知賜王佐才也夫

精騰海市氣瑞山嵐法御鸞和藻揆天巧先秦兩漢繽紛彝章屈宋班揚絃歸驅駕昔昌黎文起八代其在斯與後場言之訏謨不數治安天人諸篇也

語太恢廓似孔子賁身分搭氣味濃郁讀之自覺光氣逼人

子述之武王纘太王王季文王之緒　　許自今　考卷
推聖子之善述，并述其開作之先者焉。夫武之述文，亦纘文之緒焉耳，而緒不自文
始也。子述如武王，雖太王王季，藉以無憂，而况文王也哉。且昔先王創業垂統以傳
述於後，亦須後有聖子神孫相繼而無忘耳。今當吾世而莫必有聖子，則前吾世者
又安得而有神孫，將使祖宗世傳之業，自是替焉，其可憂者大矣。我周家世德作求
神聖代興，不獨近以承永集之勲，而實遠有先於方開之統也。文王幸得王季作之
於前，以開其緒矣，而至于得武為子，何以遂無憂也哉。吾思十四王之德澤，自文而
大其傳，而岐周百里之地，又自文而溥其化，則文實躬為作者，以俟後人之纘承，而
武為之述，此實難矣。且夫周道當寖熾啟昌之日，而行善以陰，小心以事，原無復有
亦冀非望之舉，以為我世世勤於王家，吾於作者，不過善述云爾，則武之為子，其何
以述文之所述，無隕越以貽文憂也。而武也吾見其於前人未為之事，體而何遂用
自安其臣子之節，毋亦唯是先王已成之迹，守而弗墜，長以康我在天之靈夫，亦曰

聖者自作明者自述蔽文考所傳統緒於後者予小子纘承勿替焉耳夫文既躬為作者而不自安於作而復以前之所作者并貽予以述然則武之所述而纘者獨文之緒也無幾遐想周家一代王業肇基於太王以開予作之先至王季之身而遂有作以及於文王則武之所為予述者即纘太王王季文王之緒者也其仰焉而長留乎帝眷文之緒所藉武以永也然自高山天作以來載錫之光者復奄有四方蓋其緒深矣武則繼續而不違而明德之予懷不由茲愈固也哉其俯焉而時慰其如傷文之緒所藉武以篤也然自仁人恐失以後克長克君者復盡心於牧師蓋其緒遠矣武乃經理而匪懈而西土怙冒不困之愈溥也歟有所以為纘之之體則敬勝義勝務闡其緒之精微以植其基有所以為纘之之用則不泄不忘大發其緒之經綸以竟其用然則武之為予也雖有善述何以加焉夫且念太王王季幸得有神孫恭不徒文王樂有聖子也而又何憂哉

無筆不古無意不確書卷之氣溢於行墨自非淺學可到

子夏

高顯宗

次舉文學之賢篤信以事師者也蓋子夏之信聖人者篤故其于文學愈深而與子游同列也寧非夫子所删然念哉令夫風雅名家之彥文弱易著于儒林而彬郁自負之流篤信鮮存于夙夜其乃存心謹守不逞意而發據文篤志事師凜聖謨以成絕學此其風規文從來于夫子意中矣豈將子游爲文學之士哉子游而外又有子夏念自師命分離以後言子教于南卜氏教于西而吳之彥魏之師風流各著兩人已自成一家而當同榮聚首之時偃也固揚風商也亦挖雅而業同請歎同音兩美必合聖門每並稱二子雖謂文學之班子貢可步者哉子夏專習乎詩矣悟啟片語致笑起予授弟子以一經曾傳小序此固得乎長言咏嘆之文而

以貫之者也則聞見之中悉有原本而詞章之發備覽宏道子夏素習詩、禮矣廿受和而白受采忠信知學禮之原喪有記而服有傳悲哀存行禮之實此固備乎威儀度數之文而學以聞之者也則晰明有得具見精微

二比暢發微言大義二段與儒林合嚴體裁

而辭論所晰、自存炳蔚所可惜者才限以出晉鄉之朝服而不能辟小國

字字清穀娶豐

之環皮論可以揄齊主之重輕而不能禦妄人之干禮夫子之道晦也即子夏之遇困也而當時之議論風采幾何不沒于窮途所難及者在昔諸子一堂獨號明經于洙泗厥後離羣索處猶留雅化于西河夫子之道使也亦子夏之教著也而一時之儒雅濟躬直欲流風于奕世雖晚年子喪

倪批二比仍用開合嚴法流利

甚至失明幾疑顯宇宙之奇者造物必忌而平日體肥實因義勝則知樂先王之道者富貴不移此所以患難相從而文學愈熟也夫子當日能無

子夏問曰　全章　　鄭亦鄒

聖賢論詩、有取于能悟者焉、夫素絢之詩、何與于禮、商也能悟若此、夫子所樂與言耳、且夫世之益人者莫詩若矣、詩之爲益無方、而我願滯焉、日索于章句之間、曾無反己自得之實、觧人正不如是耳、若子夏則超然遠矣、一日者讀倩盼之章、疑素絢之句、於文不屬、義不貫、姑爲彖然爲亦言詩者恒情耳、子曰是詩也非是之謂也、偹物采以昭文明、人知繪之爲文、而非即素以爲文也、具太始而爲物先、人知素之爲質、而非即繪以爲質也、繪事後素、子自言詩已矣、而子夏曰吾得禮意焉、吾乃九儀節既具之不爲忠信先也、子自與言詩也矣而子夏曰吾得禮意焉吾乃見誠慤中存之不與玉帛等也禮後乎商之言禮如此商之可與言禮如此然而因詩之致而言詩之旨也詩之義微而難知泥一意焉三百之文不足以供一獻詩之辭近而彌有得其觧焉六經之蘊皆相發于一言起予者商也始可與言詩已矣商誠反而求之篤實之功必有得于體驗者夫子豈直歆與之言詩而已哉

老樹着花　麥村

子產使校人畜之池

欲明愛弟之非僞，可即愛物者以証之焉。夫魚以池爲生也，子產使校人畜之，愛物之心豈有僞哉？嘗論大聖人之處變也，繼有浚井之命，未嘗不嘆父兮母兮，畜我不卒，瞽象使之也。第存殘刻之性者，雖骨肉不欲保其生；而抱愚愛之懷者，即物類亦必置之全。然則僞喜之說盡，即饋生魚於鄭子產觀之乎？夫以生魚之饋，斯時也，饋者之心，以爲子產得此，必將溉之以釜鬵可知也，必將調之以鹵鰯可知也，必將命彼庖人以蒸以薪以給朝夕之需可知也。是則人能料魚之死，而不料魚之生也明矣。雖然，莫謂魚遂不生也。何也？以其有子

產畜之也想畜之之意以為載沉載浮者固魚之所深喜也一旦取
而供我是有喜而不克遂其喜者我其恐之哉以泳以游者魚之所
無憂也無何取而奉我是無憂而反全其憂者我其安之哉是則子
產之畜之也固已獨是子產執政鄭也豈以一物之微而遂躬閱諸
水濱縱之大壑耶且夫魚方幾死而致生使托足非其人置足非其
地則大夫雖有再造之恩而魚難有更生之樂是畜之亦猶之不畜
焉耳而子產當日則不然縱隸役之徒不乏其人而子產必曰惟彼
校人承之于水衡者有年奈何其不奉命以往而能全魚生耶且江
湖之大不乏其地而子產必曰惟茲沼沚遨游于物類者凡幾奈何

其不舉手之勞。而轉之清波耶。噫魚亦何幸而獲被子產畜之也。論完稟之謀。在父子且有如焚之感。矧一物之微。而漠冀生還之樂乎。乃子產不忍以愷悌之澤。而遺此物類思謨蓋之事。在兄弟尚且有難保之命。矧一物之偶。而安望還水濱之樂乎。乃子產必欲体惠人之念。而偏及微物。然則子產之所使也。子產之心盡矣。及既使之之後。而子產不知也。抑使校人之畜於池也。子產之心全矣。及使畜之之後。而校人自處耳。孰意校人從而烹之也。

轉折收處搖曳生姿

子產使校人畜之池

○鄭大夫擇人而使其所畜宜無不當矣夫事必擇人而使也子產以畜魚使校人固意其必畜之池也嘗觀魚在于沼人皆知其樂矣乃有時而離于沼幾無有生機矣忽復縱之于沼寧必遂免殺機乎如有人饋生魚於子產矣夫人之饋子產者欲其嘗之而必欲其畜之也乃子產則謂既饋以生者固必畜也抑他人之受饋也不可畜者不畜可畜者亦未必畜也乃子產則謂既有可畜焉有必畜而全其生也於是使校人畜之池焉夫魚躍于淵其性固安于池也今既又離乎水自急宜畜之於池然樂哉魚乎何不有畜之池也乃有

布置淺深次第一筆不亂而對股俱極靈轉絕無合掌之病初學有此真屬罕覯

霞井 幼穀

連四比用代法而各有口吻妙

七

池沼之人，自必使之畜之池，雖鄭國之人，待乎產者多矣，何皆不亻而獨使校人，必以其習畜之事使之也，即此校人見役于子產亦久矣，何他日皆不使，而獨今日使之，亦以有魚可畜之矣，乃使之也，想子產之使校人曰，魚猶生矣，吾豈忍見其死，而竟以口腹之欲泆其池沼之樂乎，女其為我畜之，毋負乎托，而校人之承子產曰，大夫好生，誰敢不體此意，而竟以貪殘之習，違其必畜之仁乎，小人自必畜之，而終所托，且子產既使畜之之後，必曰昔魚之未饋于吾，無有在藻之樂，既饋于吾，亦未必遂有依蒲之適，而今且畜之，將得遂其生可無慮有戕其生矣，乃校人既承子產畜之池魚之後，且曰子產謂

此時即難下同
諸〻靈隽令
人願解

魚宜畜之池吾可謂而畜於鼎子產猶敬者舍於池者則敬舍於口蓋可
敬者奧令彼樂于池中何如樂于吾之腹乎何也蓋故人竟烹之也
了然于心了然于口了然于手只如說話而已成文機滿篇
皆靈隽流動〻發此心花日開時也無綴灌溉之功則
今朝正好低頭看他日參天仰面難矣

子產使校人畜之池校人烹之

欲全乎魚之生者寬不罹保魚之生焉夫子產之使校人誠不可謂非得其生也孰意而校人烹之子產其如之何哉嘗思千古處人倫之變者莫如舜要以處變而不失其正者不過盡乎理之所當然而已故人第知舜之為父母使者固必盡其情而不知人之為長上使者尤貴不虞其情然則觀之使子與上之使下其事毋可相視耶此子產饋生魚之事從來遠已使於斯時慨然念之曰而有嘉魚何其青然來思耶命彼庖人其取烹我烹之吾知水濱之處無煩而斷圉之中有魚矣而孰意子產不欲也以為物類之微原非繳嗜慾於吾生使必謂取之以果其腹也寧不傷於茲育用之常豈必盡寄於鮮食而使必戕之以供其慾也得毋過於忍乎

無已則思有以畜之也云聞之物必有得地人生蓋況亦生魚困已極矣苟使之作其地將何可畜許止息乎則一畜也而卽欲保其生畜固大夫利物之心抑閼之物必有得人以養者況亦生魚吾已甚矣苟使非其人將何可畜許育養乎則一使也而卽欲其命者又大夫愛物之情是則此一畀也子產必有見乎人之公而忘私也其必有見乎人而樂為利濟也其必有見乎人之技識系命而不以人事為僥倖也則此一使也誠不可謂非得其人矣而何以校人烹之者何也以彼奉命而往而使得全其魚之生人將謂子產澤及水族也校人亦與爲而嘖嘖全名不朽與子產並傳矣胡計不出此而徒為烹之之抑豈有見於受人之賜者不可虛人之物子產之徒畜之也豈非虛人之物乎故焉得乎智烹之之廢以代大夫之庠既

乎抑豈有見於人之欲饋也貴不可有人之情於子產之使畜之池不幾忘人之情乎故為獨[illegible]中烹之聊以謝大夫之加惠乎吾則深為彼之幸矣以彼托處末僚寧得與當世之士大夫交乎何幸以畜魚之故而得邀其末光雖謂人之饋校人焉可也以彼寄身下位又安寧與當代名公卿遊乎而今何幸以校人之職而得分其餘耳將謂人之饋子產可即以子產之饋校人亦無不可噫校人之所為如此是可觀其交命矣

子欲手援天下乎

以援嫂者援天下辯士之所欲謬矣夫援天下非援嫂比也而乃欲
以手援之豈不先失其所援之具乎且國家傾危之際使無撥亂之
人幸賴拯救而未然而枉己狥人欲求以濟世吾恐世亦不
可濟而已之所失為不少矣如以援嫂之權律天下乎四海之大
九州之遠其所援者不與嫂等耳使徒一舉手而足則天下無難為
之事矣而豈其然乎流離已甚困苦已深其所溺者亦不與嫂同耳
使僅一携手之勞則天下皆易舉之為矣而豈有是乎民吾胞也物
吾與也東西南北之遙乎何敢置之度外則援之困不可不速也特

是志雖切也而道不可輕心雖急也而具不可失吾豈其以道自貶
而竟如嫂溺以手援識數已過也時已可也帝王迭興之候予未嘗
忘于旦夕則援之固予之所願也特是道可行也而王若不作具可爲
也而名世未屬吾何敢以道狗人而可如手援嫂溺之手概然則子之意
爲天下計者固甚善也未嘗陷溺之秋而欲以救世者雖非輕而吾
所以救之之道亦不可不重倘如子之所欲是將使我枉己以直
也吾未之聞也抑子之意其所欲者亦甚殷也未當沉溺之際而
天下之望救者雖難緩而吾之救之者亦安得過於急倘從子之
乎是直使我辱己以正天下吾之所不出也雖莫〔……〕雖莫障

矣斯世斯民之故鮮倒懸于衽席猶反手也然而反手之功吾實肩
其責耳而欲使我襲其具焉則何爲哉曩楚有歌矣鴻雁有悲矣生
民憔悴之頃得飲食于饑渴甘運掌也然而運掌之謝吾自有其道
耳而欲使我枉其道焉則何爲哉子欲手援天下乎是則子之不知守
道又何可言行權也

子張書諸紳　朱朗

服聖教於無斁意獨深矣夫須臾不離者非紳乎子張以是爲可觸目而警心也於是乎書今夫受之以耳過而輒忘此其人未有可敬而功未有可成者也況當聖人之前奉存誠之訓顧可視爲指授之常而不朝夕佩之也哉有如夫子之論行詳矣有志之士疇不闡之意凛而特恐踰時而或忘也是必有取之當前者乃可以斯須不去耳即承命之後豈遂棄之如遺而未必歷久而不遷也是必有觸之即遇者乃庶幾永矢弗諼耳子張曰吾今而有以服聖教矣夫參前倚衡無見之見也吾不能以無見見之而即以有見之見養

其機參前倚衡又有見之見也吾不能以有見規而轉以無見之
見俟其化是不可見諸紳哉其書紳之使紳之爲物形而下者也
而理以有所寓而益彰則器數之微動閑大道諸如刀劍之有銘
也盤盂之有銘也神靈絕物之詣猶欲藉之以自鏡矧張也皇皇
願學哉即從韋佩聞長承耳提面命之意已書之爲用昭其文焉
耳而必以有所鑒而彌惕則紀載之餘皆成實學我聞實蹟而有
味矣抑戒而有歌矣耄年悔過之深且使人日誦以自儆矧張也
落落後進哉尚從載筆下日親先生長者之前也已有此一書而
言求忠信行求篤敬拳拳弗失者必子張也雖其嗜學不如回賜

此。可。以。當。服。膺。之。切。有此一書。而言有不忠信。行有不篤敬。急攻過者。必子張也。雖其純不如參。即。此。可。以。追。日。省。之。嚴。前此求行之失。知所痛懲。後此存誠之功。無不奮往。較之問達時。誤以邦家之聞為達者。不加於人一等乎。張進矣。

子路不對子曰女奚不曰

賢於不輕言聖、聖人深許其不言也夫使子路有以對葉公則夫子亦無言矣乃竟不對焉、子能不深許之耶且聖賢之一語一默各有深意存焉賢人之默非為聖人隱以至諸不可以言言也聖人之語非為一已揚覺當躬求始不可以言言也知葉公問孔子於子路豈不問知師莫若弟也吾今挾一孔子而問必將御一孔子而共知矣子路寧有不為稱乎吾意子路於此必將明孔子之進法者矣彼彝子子足將莫者矣若且議擬孔子之盡性至命者矣端俾葉公瞭然知孔子之為孔子豈不甚盡而孰知子路有不然者蓋以葉公為可

對之人豈有不對而無知識者歟肅然以對也抑孔子為易對之聖

之有不對而無如天縱神靈矣以對也獨是不對則葉公挾所問而

來意不得所問者去耶知孔子者葉公而知葉公者非子路乎子曰

由乎女之不以予對也予稱為文怪焉以女之從遊也久知予之生平

賴女而大白其無他女今竟隱匿而不對則為耶女之追隨有日予

之素矣望女而共証其無奇女今緘默而不對又奚為耶甚矣女

之不對女之不曰也女之不曰微特葉公昧昧乎天下人皆昧乎乎

態無耿耿乎女試思之豈知之為人莫堪不對焉

行書 林詵胤

子路不對子曰女奚不曰

賢者不輕言聖人深望其有言焉夫子路之不對亦有見于未易明言也乃夫子則欲有以告之其意不甚深哉今夫觀聖人者識有未易以語人而亦無不可以告人者蓋未易語人者理有難竟有言似不若無言之爲深無不可以告人者理可共明無言又不若有言之更大則夫有念切較求者似不得深爲擬議故不必不爲之擬議矣如葉公問孔子于子路也將必謂夫子明之所以爲夫子也子路知之必無不爲夫子明之抑子路爲夫子明之也必于夫子之所欲明者而爲代爲夫子明之即子路竟何以不對

也其或以夫子德脩高深累世莫殫矣曾是莫殫者而敘述可盡
乎故有詳稱之不得約舉之而又不能而竟付諸不對抑或以夫
子業隆刪定一辭既莫贊矣曾是莫贊者而論說可明乎故有淺
言之無裨長言之而又不足者而乃置諸不對噫子路其知夫子
耶其未知夫子耶不可言而遠言人或疑吾道之近褻乃可言而
不言人或疑至詣之為難子路其知夫子耶其未知夫子耶乃夫
子則必有以示之矣意謂以女從遊有年知予之深者惟女則質
予于他人猶有詳略之弗周而質予於女諒無初終之悉難乃知
予之深者反為忘予之甚也女奚不以獨知者明示之而置之嘿

嘿者何以故以女之受學既久信予之篤者又惟如則以他人質之如或有無可悉之藏而以予質之女宜無不可白之隱乃予信之篤者一似疑予之深也女奚不獨以獨信者共喻之而聽之藐之者曷以故女奚不曰子之所以責子路者其即所以喻葉公乎彼子路而何必不對為也要之大道嘗悟于無言其闇所難闇者聖人固有弗尠之蘊而修途原昭于共喻其隱無可隱者聖人恒有無私之傳此子路不對亦有深心而夫子則欲以語葉公者告天下也

子路不對一則以葉公不足知也一則以夫子未易形容此中固

即智保意乃文字例不能自炫于隱秘而即以其易曉者示之文

脉影位置截斷兩處妙於提挈過渡處上下聯絡又覺渾成

虛至機神閒逸姿韻瀟灑擬之散聖安禪天女散花猶仿佛遇之

浙江周藩臺會課
敷文書院一名

范師佑

○子路曰

嘗聞言於隱者之家，不見而如見矣。夫子路不見丈人言之〻[illegible]然矣，然留之使聞，不且如見乎？今使懷欲陳而無路也，則雖吾欲云〻而娓〻者，更復動誰人之聽哉？顧高風如昨，雖云款洽之罕通，而素志可宣，轉覺叮嚀之難已，則夫既然而欲作者，又豈以覿面無緣，遂欲寫心而不得也。丈人之行，蓋逆知子路之有言也，而子路且奈何？中田作合，一時之話辭何堪？而今者其室則邇，其則遠也。溯伊人於秋水，而幽廬寘〻，寧煩以高談；叅槃澗之歌，六庵留永久之繫，然意戶而今旹相需甚殷，相遇甚疏也。紆分蹤

於雲山而素抱殷殷衎淘以莊論贈煙霞之客而謂子路能述
吾子之意以道之哉碩或者四顧躊躇未必言之慷慨也迄其意
而宛如前夕縱使余懷欲白幾於告訴之無由抑或者中懷輾
且將言而囁嚅也行其庭而不見其人竊恐含意欲伸轉覺語言
之無味而子路則棖棖有詞矣必待禹行鼻颺而旦言於朝右則
（將全節拆入心內中乃能精善）
言屬何時今雖行邁靡靡未發明王之夢而思堯思舜情不能恝
（寔地）
沓語亦不能休也所以逐蔡迷津沮溺空勞贈答而值此飄然遐
舉未能默爾以寄吾懷則亦何憚諄諄也不然荷鍾而行胡
桑麻之俗已必待懸鞀建鐸而進說於大廷則言在何日今即風

塵擾〻徒懷空谷之音一〻斯世斯人念無由釋者論亦無由泯也以石門上宿關曹才畫流連而惟茲與世長辭不勝悄然其乎夫亦愁余渺〻也不然空談何補寧好為口舌之爭乎楚蔡齊陳久倦〻於巷遇而津〻而道偏向高人為逆耳之談則惟其所不欲聞者〻而言之實不可已也一往深情早已〻〻木鐸於尼山迷夫子之意而此若代宣其響東西南北既歷〻以遍行而〻從〻〻而陳還為局外作傷心之語則惟必欲使之聞者而言之尤所宜亟也莫洲〻吾縱使激幽人之洗耳而不妨大放厥辭奉師命以傳宣豈云率爾企高蹤其何許幾乎悲歌哉八人雖不可再見而君臣之義可

以千古共識矣○

曰字寔寔從下文於出金莖入口香沁心脾是能以虞司衡之

新逸兼葛太常之雅致者　趙桓嘉

於曰字憑空起議二節俱歸涵蓋之中高立兩行顧盼英偉頎

爽一

俊骨稜稜神光奕奕倒映通節處則又如疎簾月映竟體玲瓏

程滌倫

子路拱而　以告

禮足以作草野之緣其事可述而志也夫拱立亦儒者常度耳丈人之止宿即因之子路之行以告也能已已哉且賢人之立身行己也止乎其所不得不止行乎其所不得不行禮以義起耳故時而偶相值也其志雖迥不同而其迹亦未忍絕一時田間景況藹有可述者焉子路失夫子而問丈人不且相拒之甚哉如時也夕陽半壁農狀言旋有懷誰告欲行何從但覺泠澗荒烟之地佇儒範焉衣冠峩然也斂佩儼然也而岫與暮雲俱斂也疑身對野叟而無日言也日云暮矣拱而立也胡為乎丈人乃携杖而前曰

荒廬在望以求今宵子其留矣未數武間而入丈人之庭矣下丈
人之榻矣雞栖可割香黍可炊家蓋與山飯錯陳也主人與佳賓
式燕也乃命二子向長者而揖之不亦雍雍乎一揖之餘意乎異
哉有是父有是子也不然茅屋數椽何以傲彼世途之棱也黃昏
一飽何以冷彼世祿之醴也家庭聚首父若子之嘻嘻何以請彼
師前而弟後一天而兩地也子路方夢回殘漏擁衾自疑吾夫子
今夜宿何處也未幾而明日矣四野雞聲一牕曙色稺子披扉犬
人出豁且也門以外車轔轔而馬蕭蕭行人過矣子路能少留乎山
林日短道路日長雖不見夫子于何處而拱立之地與止宿之村

回首與寸心俱遠也。但見步履間。有踢屐甚想後也。口吻間。有急迫其欲傾也。言未畢而欷欲吞。口方啟而情欲絕。田間之樂致奇逢一宿之緣。天後之悲情。點綴千秋之色。可述而不堪述者如此。

子路拱而立

賢者之立聖人之窮也夫子路何嘗須臾忘夫子哉乃所對而非所問也我瞻四方蹙蹙靡騁矣欲不立焉得乎傷哉行路之難也且聖賢四海周流惟師與弟耳一旦中途相失形影爲单問野老以徵夫聆詬言之逆耳則蒼茫極目切怛盈胸（不堪回首）去矣何從行將安往則有若子合之遇丈人是已（題前翻入）當其植杖而芸也意中已無子路矣意子路于此感情于丈人不入耳之言必且翩然而就道中懷夫迫欲見夫子之意必且轉詆之他人而況中田無廬處則佇立非其宜對皓無主賓則肅立誠無謂斯即有人焉強之稍待而彼有不屑從倚者矣而

而不然想子路殷然其有思乎慨從遊之失道已係離愁而不謂迷
（寫出所以立之之故）
（正難寫情）
津執轡之後又受此農家之訕笑也思之思之足將進而趦趄心欲
行而躑躅不自覺荒畦之久憩爾想子路愁然其有憂乎款前蹤之
莫及幾為惆悵而不謂車前歌鳳之餘復遭此世外之譏許也憂從
中來警驚岐路而生悲對窮途而隕涕有不禁吟隰之流連爾遂相
（從子路著想最妙）
傳為子路拱而立云憶昔洙泗登堂冠鷄劍佩風流一何壯也爾則
歛其壯往之氣一歸端肅豈英雄失路志節亦漸消磨與而非也主
（比寫出字立來領奇情快論得未曾有）
敬者聖賢之學縱造次之倉皇不敢失容于舉止道旁觀者有不歎
息其威儀乎即彼虎兕率野奮戰匡圍意氣固甚豪哉爾則藏其豪

邁之慨出以雍容豈迷途問道爲此降心相從與而非也重感者君子之事縱言辭之拂意絶不稍露其矜張丈人意中得毋自悔其倨侮乎則甚矣子路之立之可思也乃未幾而夕陽在山人影散亂一時東阡西陌之芸者已入此室處矣而子路則猶然立而不去也丈人其將何以爲情哉

警有古致

識論開闊、筆力雄健、後賢熟此、足以起衰振靡、

第三十六册　卷一〇八

8

子路從而後　行矣

唐順之

荷丈人之自外於聖賢始終一於隱而已矣蓋以隱爲高者則往而不返也果哉丈人之既離聖賢其如之何哉且夫避世之士與避人之士其枘之不相入也久矣昔者子路從而後遇丈人相遇也是時不知其爲隱者也而以子見夫子爲問焉丈人於此宜其即所見而爲之告也彼則曰汝未知所以勤四体而分五穀也而吾焉知汝之所謂夫子也於是植其杖而芸蓋其所以自盡者即其所以責人者矣邂逅之頃其介然非立不食之意乎子路於是既知其爲隱者也而拱立以致其敬焉在隱者處之宜其終不屑與爲禮也彼則止而宿之使於我乎館也殺雞爲黍使於我乎食也於是而見其二子蓋彼之所以敬乎我者

即我之所以敬乎彼者矣猷猷之間其宛然礼法相湔之風乎亦子路得之於所見矣固已知其為隐者矣子路明日行以告而夫子得之於所謂也亦謂其為隐者矣謂其為隐者而使子路反見之豈與其終於為隐者而已乎固將有所引而進之也子路遂至而丈人則已行矣丈人之意豈不曰勤四体而分五穀此吾之所從事者也吾既不能挽彼以從吾之道矣知其不可而為之此彼之所從事者也吾亦安能舍我以從其道也哉於是遠而去之猶夫植杖而芸之初心而止宿之勤二子之見邀乎其不可再矣吁夫子之於丈人奈之何哉

子路從而後

陳棊昌

從者失所從其心亂迫矣夫子路之從夫子有唯恐或後者而不意其竟後也將何以為情耶且聖賢之皇皇於天下其心每如一轍也故其出也必相依而不忍舍焉然正惟皇皇於天下而相依不舍者有時亦不能以相顧爾昔子有言從我其由甚矣子路相從之日為多也東西南北之轍所應獨行而無徒耶乃瞻言吾黨有偕者相〻隨也乎其恐斯須置也塵埃風雨之中亦應有懷其莫白耳乃嗣其所自得聖人為依歸也子路何至當前失也雖然席不暇煖之身中心固亦後而休不擇地之際行道或亦遲蓋夫子前而子路竟

後矣吾于是為子路思之盍闔信其師皆必並及其弟使子路而步
趨于琴書劍佩之餘或且指而識之曰是其人所稱政事之選也而
愛之慕之矣棄之何嫌想于中道也路曼曼其修遠矣斯時亦誰識
夫子路也皆而愛之慕之也抑思其師者亦必及其弟使子路而
旋于一車兩馬之間或且指而識之曰是其人固魯孔丘之徒也而
非之笑之矣蕊亦既滕遑于兩地也日忽忽其將暮矣斯時又誰識
夫子路也者而愛非之笑之之也曩者從之于在陳也不免君子之固
矣然而有子在亦可以共慰也今則已後矣而何以慰也即不亦有
弗信弗行之慮乎而寂寞蕭條之境獨非上下無交日耶曩者從之

以問津也。幾受幽人之誚矣。然而有子在。又不妨相解也。今則已從矣。而誰與解也。即不必有避人避世之譏乎。而深山窮谷之中。豈少沮溺耦耕處哉。不謂從前途而來者。果有一丈人也。

起反去後、中束四比、都寫失後淒涼之趣、

寫一句而下文情景已隱躍毫端江海千尋窺瞵不測

子路宿於石門晨門曰

辛未 吳鴻

誌賢者之宿、以關吏之旋有辭也、夫宿何以書、以晨門重、故書也、石門而來子路、彼其人能漫然乎、且從來羈旅之情、其不掛幽人之齒類也、久矣、況以高賢而遣下邑、得一過而問者已往々難之、不謂偶爾相遭、行者止以自寄其蹤、止者忽若相通於意、而一時旅況、悠然動焉、則夫永夕有遐心轉幸爾音之不闕也、粵々遡諸邦歷聘以來、群弟子亦席不暇煖、而所過通都大邑時々有隱君子出其間、是故耕夫同調、留隱諷於知津、野老延賓、發微詞於荷蓧、以子路而追感昔遊、竊怪天下多有心人、而曾不樂以片言相及、爲可悲也石門一宿寧復計此中之大有人哉入疆無三載之淹車馬頻仍誰於身世間遽思息迹而顧我僕夫聊以儕乎逆客則重關之下自寫羈愁環轍勤四方之駕道途勞攘疇於澗樂內慨想寤言而假茲別館差以息夫宵征則一夕之留遑尋孫賞斯時也行征欲駐撫景蕭然問夜何如何詰朝將發國鮮授餐之雅門無擁篲之迹誰爲門焉者而令名彰彰此土哉而不知其人之陰識之也固已久矣蓋在石門地道當夫冠蓋之衝而古道征車爰有停驂之所則當此遭然相值良不必假旅人之消息通謦欬於閽曹乃在子路跡自等諸萍蹤之合而高冠長佩儼來望氣之驚

繼明知作合無端已不覺挽散吏之心期觸音塵於邂逅其向子路而振々有辭者晨門伊何人哉職亦與一人四人之列則欵關有客奚為獨致其流連而有心者忽不自禁也風塵擾々此蹤久已懸車而哀我憚人乃於塗窮日暮之餘甫謀淒息塵中還堪托跡手一萬目而不勝愴懷儵然以一語誌閱觀之感時非有異言異服之識則旅寓何常或且頻煩夫慰勞而觸緒者顧別有在也行邁靡々斯際良難接轄而弛於負擔孰從馬瘏僕瘁之會更別英流局中應亦銷聲耳一嘿揣而轉多心寫悄然以一言游象外之神斯非誠有意於宿者之為人而何遂怦々有動也嗟乎縶維

莫賦。方深逆旅之悲。而款洽未通。頓有封人之請。雖曰所職固然。要以晨門非常人。在子路亦陰識之矣。惜哉。其未登聖人之門。而與子路。輩。共數晨夕也。然而奚自一問。彼已料其從孔氏來也。

思抽縷繹文藻能流分其餘悲泣沾多人

○○○子路宿於　孔氏

癸酉江南元　胡　溶

記賢蹤於異地，為問者記所自也。夫子路之宿，曷為地為晨門則地之，而其來則自孔氏也者，故記之，非為子路記所宿也。嘗謂宇宙一勞人之境，蒼皇羈旅中姓氏由來，久不必向途人而道矣，乃孫蹤暫托，苐安其道路之身，而有意周旋者，倘若詢行色於車塵之外，則一夕之淹，可通素履，何必以萍交偶值，無煩一道其由來也乎？昔夫子周流列國，二三子從之舊矣，顧吾獨異子路石門之役，何以不與孔氏偕也？寄斯道干城之任，相隨有素，恒多栖栖之靡適之蹤，一旦而驅馬闉闍，獨羈焉憂心於即次，則此際之百端交集，當不

奧注分明

循題轉折，仍是一氣實注

伏筆自然，遥起端說去

緊釦孔氏，絕不呆寫上

句

僅淒涼日暮無聊而結異地之離愁念吾人左右無方執轡不遑每有戚戚難安之慨一旦而席不暇暖暫為假館於他鄉則此際之三嘆寤言又不禁中夜傍徨以有觸而動當途之物色然則石門之宿子路識有不得已者哉彼閽者何人相逢未必相識而微詞

（共四句夲呈主司所增意度從容）

以叩無情宛若有情奚自一鬮晨門視子路何如耶委塵勞於下邑豈其忘暮夜之呼悠悠者征人有終極乎乃客從何來而行李

（絶妙文情）

栖遲偏感抱關之日則陳我詞而倉卒初何計汝冠儀狀之奇詭肆志於監門時亦作閽人之想欝欝者旁觀不已久乎乃先生休

（擺乃收心）

矣而音容悽慨獨驚擊柝之心則言欲進而遲徊應識其劍佩琴

書之素追子路告以自孔氏而吾為晨門幸矣輪蹄絡繹之區息肩者凡幾輩倘以川途過客不盡知稅駕之何從則永夕盤桓宵待旦瞻車已耳茲何以遠戢初停卸殷殷而致詢意其往來贈答或相賞於旦暮風塵外乎夫昔者朝歌末吏曾煩介紹於吾徒則因告語以溯淵源而東國儒宗豈茀聳館人之聽歟亦為子路幸矣車殆馬煩之會息駕如復何時長此秋策遙征每自磨歌而獨寐則退心函丈有抑鬱誰語已耳茲乃以行旌甫駐遂款款而來前不禁感慨激昂聊相訂於闕山寥落閒也夫當年雞黍田家尚嘗結中宵之情愫則以無心而成酬對而尼山蹤跡寧復來東隱

之識歟而孰意晨門且有後言也而子路亦竟無言也

清空瀟爽遠韻鏘鳴近科墨之以手神勝者無過此篇能恰而

題情相副於佳若之之而又能謂題不誦之

見善如不及 全章 未比

夫志潔行芳之者進之固可為明倫達用之儒乃吾見其志誠潔矣而未若求志者之潔行而達也吾見

其行誠芳矣而未若行義者之致居而澤民也吾嘗世而僅有是人焉我懷何如乎嘉美世之士其初未

豈原遠矣嘉遇之修能剖見其美全美世之係矣而非若好善者之不世匪時也吾聞其善

世而致美身之用矣而非若靈不善而僅至以自淑也吾世而僅傳其流焉我懷何如乎

子擊磬於 二句 朱志楫

聖人偶托於磬而過其門者適相值也夫擊磬於孔氏之門與荷蕢固無與耳而過者適當其時焉是可引其端已今夫同調者相遇偏踈而異趨者不謀道合此亦境之偶然而猝投於兩不自知之頃耳彼此各行其素而有觸而動與無因而前相與於無相與其意境猶在人耳目間也昔我孔子聲振寰區轍環天下一時踵門之士衣冠劍佩甚都不誠彬彬乎禮經樂緯也哉故雖不得於父母之邦猶有望於兄弟之國意者衛多君子當有人焉其荷斯道者歟迨再至三至而所遇終窮偶有磬在于焉擊之生不遇夫

鳳儀獸舞而抱此金敔玉振之器一發其清音則無端之寄托初非必以落々行踪竊奥唱酬於户外業不登於清廟明堂而對此桑間濮上之風聊傳夫逸韵則爾日之聲情又何必謂洋々盈耳未許流播於人間然則此一擊也假物以鳴而感慨係之斷非意曠神閒如谷隱岩棲之輩僅在高山流水間也夫淫靡競奏空存立辨之思康樂既陳無復聲依之美乃至猗蘭操而古調空彈曠野歎而同聲莫應誰與過孔氏之門而問焉者不謂門内之磬聲甫傳而門外之萍踪適合門内之磬聲未絕而門外之僕跡乍經彼何人斯則荷蕢者是夫荷蕢何爲者耶一世之仔肩已謝而負

擔為常本非聞聲而始至豈其含業以相從則過者自過原不因戶外之清音激越而頓返高蹈之踪畢生之抱負久虛而游行自得彼方欲歌而欲泣此則獨往而獨來乃過而未過恍即此片時之逸韻悠揚而一聲幽人之聽嗟嗟東周夢杳誰陳泮璧之鐘用我期賒莫擊大昕之鼓遂使木鐸儒宗漫與悠悠之行路者相值不得和聲以鳴其盛吾于其窮矣不然在衛之擊夫固鬱極而宣之擊者荷蕢者何人乃過其門而竟不思入其室耶君子曰荷蕢與孔子大都不相知知而相知者也故擊磬傳而荷蕢亦與俱傳云

詞意同潤固然乎如

山小而清名流盡從來筆端乎

子擊磬於衛　全章　　狀元　胡任輿

隱士易而聖人難、情各見乎詞矣、葢天下莫難於濟時、而審時爲易、如荷蕢之言、則是聖人固可已而不已耶、且天地所以窮而能通○世運所以亂而復治者○惟○恃○一○二○有○心○人○扶○持○匡○救○之○而○已○顧此有心人者○既置身于艱阻之會○爲斯世力圖其康濟○而優游事外者○方且竊竊然議之○以爲私憂而過計也○又烏知若人于此○固有大不忍于中者存乎○夫○天○生○聖○人○所○以○任○天○下○之○難○也○宇宙憂勞之事○天不以責庸衆○而耑以屬聖人○即聖人亦勉勉焉力任之而無敢謝○迄今念其咨之嘆○誦鴟鴞風雨之音○恤恤乎有餘痛焉○

吾夫子之于春秋亦猶此志也一日者客居于衛憂從中來擊磬而擊之無聊哉孰意門以外有荷蕢者既悲其心又惜其意為之明含藏之理為之詠匏苦之詩招隱之旨殷然始亦高人曾士者流耶雖然何其果也士生斯世大道之行誠難望矣一旦決然舍去自放于山顛水涯之外固亦大丈夫不得于時者之所為然而終不敢也夫亦志存乎帝王之絕業而悼生民之不治為耳獨奈何甘心長往終已不顧哉且天下事亦安得盡擇其易者為之也龍蛇水旱何必抱飢溺之憂牧野南巢何必冒不韙之舉而且同為人子幹蠱何以獨任于司空同為人臣繆綢何以獨瘁于家相此

數聖人者胼胝其身焦勞其心以視夫箕山潁水蕭然高卧者得無鄙甚然惟其如是故于今食唐虞之德而頌三代之烈于不衰今也覩時俗之淪胥慨横流之莫挽此亦曰難彼亦曰難也蹇裳而去之則是沾洗耳之餘潤可致六府三事之修采西山之薇可奏綏邦屢豐之慶耶子不禁喟然興嘆曰果哉末之難矣吾于是而知隱士之巧為易也工虞水火宇内已多任事之人我即廁身其閒功業不過如是而已不若優遊泉石陰以謝治亂安危之責而陽以收泥塗軒冕之名高士之與帝王固并行而不悖也然為之于聖明之世則有潛德之光為之于衰晚之時不無忘世之

誚世無堯舜石隱者正不得托跡于巢由耳荷蕢其知之乎吾于是而嘆聖人之力為難也鹽梅霖雨大業實関出處之身我式詠謝其勞世道之憂其何日而已是故歷騁邦國遇固以展經綸参賛之奇即不遇亦以存共患同憂之志天心之與人望或庶幾其無負也然遭逢可慶不難濟世以宜民利見無期祇覺心勞而日拙時無夢卜肥遯者且得以竊窺笑夫伊萋耳夫子其柰之何哉

筆思縱肆猶無遠落異今談至想見性敏深髮討

子擊磬于衛　一節

乾隆壬戌會試　舒　敏

聖人心乎天下隱士亦若深契焉夫子誠有心苟蕢何以過焉而輒知也同心乎哉亦磬有以傳之耳且同道者同志局中之事父難諶之局外之人矣顧微之存乎性情顯之托于器數既有所托以自鳴而識微者遂悠然而有會正不得謂志趣殊途而鮮人之絕少也吾夫子轂至衛矣至衛者心乎衛也非直心乎衛心乎天下也（聚高望海）引衆人爲一身者即爲衆人之耳目閒弦歌而動色感吟鳳而傳車由外証內而憂喜無端動關天下蒼生之故寓物而不留意者即物亦可寫心正雅樂于還轅發清音于出走由內達外而

情思無限或猶幸二三知己之存是則子之于衛而有所托以鳴
（即帶起荷蕢還）（此處偏用虛擬）
也其常也無足怪也子之有托以鳴而人或悠然而有會也其偶
也亦無足怪也然而其音傳即其心傳則其時其事亦不可以不
（轉筆開下）
傳先王之法物幸在人間而所謂和聲以鳴盛者無有也夫好古
（譜頂動關天下蒼生之概）
之士有觸于一名一象而流連者矣昔何以登于朝今何以奏于
野儀舞其不可復覩耶殆將有所病而求息乎此也羈旅之襟期
（推抑有神妙在可想不易解開）（暗頂）
幸而無恙而所謂倡予而和汝者無有也夫知音之士有証于流
（總挈二三知己之存）
水高山而不失聽者矣彼何以歡若平生此何以過門不入版築
其尚有人焉即奈何恐而與此終古也一衆庶馮生而此食味別聲

者且與聖賢同視聽食息于其中有心者之卻曲以傷誠不若無心者之優游以遠也然惟彼皆樂遊其生而愈幽憂而不自克

（組使下面都若果哉針鋒相對處卻又還雲）

美人遲暮而凡枕石漱流者亦且與聖賢同趨首企足于其間有心者之身在事中誠不若知心者之神遊象外也然惟此既適中其隱而彼亦徘徊而不能忘特書曰子擊磬于衛謂其有心于此而非同適然也牽連而書曰有荷蕢而過孔氏之門者謂其知孔氏之心而非同行路也有心哉擊磬乎知心哉荷蕢乎

（点法妙）

絕不裝綴題面將聖人莫已知而不已寧為其難不為其果意都于空際隱現踪影橫斜暗香浮動其風渺與世絕 蔡芳三

全爲下節題意。撫琴動操。衆山皆響。切〻噌〻者。直是不堪入

耳。徐題咨

子擊

子謂子賤　四章

聖人以君子望諸賢、而深說夫篤志者焉、蓋子賤惟能取以成其為君子、瑚璉若賜、不佞若雍、皆君子選也、而開之未信、子能不說其篤志哉、今夫收觀摩之益者、必不至鄙樸無華、而抱深沉之姿者、不徒以材能自炫、是故久而自化者、芝蘭之薰也、貴而可珍者、圭璋之品也、優於德而短於才者、其識沉也、見其大而遺其小者、其志篤也、昔夫子以尼山一老、陶鑄羣英、而生平所諄諄勸勉者、大約欲及門互相攻錯、以克副乎君子、當夫函丈追隨、崇成德美、達材課靜修敦實行、一堂之上、彬彬濟美矣、一日者以君子稱子賤、夫宓子真彬雅士也。他不具論。即如仕於單父。鳴琴而治。不過畧施幹濟。已賢於俗吏多矣。然其品望素著。非沐浴禮教之鄉。安能不扶而自植。噫。此善事必先利器。居邦必務事賢。子所以重為子貢告歟。夫子貢固産於衛而從學於魯者也。衛多君子。金錫圭璧。實承其休。魯多君子。芹藻。旂更被其澤。其為器也貴矣。夏瑚商璉之間。神靈所憑依焉。乃多言而中。子嘗為賜惜。賜其工於佞。而不得為仁人矣乎。嗟乎。春秋一用佞之世也。雖簡默如仲弓。而或反以是病之。豈知尚口乃窮。吉人辭寡。他日謂雍也可使南面。非以其寬洪簡重有人君之度哉。夫為邦非百里之才。而作吏亦一方之寄。滌離鬥誦讀有年。夫子器之。一旦使之

以氣如蘭

德業德濟矣

丁立氏之字謹

迴環之回音節拍、

仕。誠信開也。乃未信一對。謙讓弗遑。一若臨。民深懼敬簡之。儒從政。不。及。通。達。之。士。惟。是。從。諸。君。子。後。尊。聞。行。知。遜。志。時。敏。庶。不。負。師。訓。而。畏。友。朋。其見道甚明。其進取甚篤。允。矣。君。子。長。也。大。成。滌。雕。氏。有。焉。因念吾夫子生長、宗邦。大德、不器。中、心、安仁。乃栖栖皇皇。為、佞、貽、譏。未、嘗、仕、以、行、道。退而友教吾徒。崇。成。德。美。達。材。課。靜。修。敦。實。行。蓋。自。夫。子。之。論。定。而。子。賤。諸。君。子。一。經。品。題。便。成。佳。士。矣。

而極暇以來

完卷

老練老健秋波只一轉依手

就求工穿揀那得有此春容面

子謂公冶長 二章 羅漢章

聖門擇配論人不論境也夫長惟非罪原之於既往容能免禍決之於將來妻子與兄子可以定議配之法且士亦問其觀望何如耳苟衾影抱慚漏網絕妻孥之愧尸位聯姻婭之歡有識者所不取也若乃獄成十俗吏品卓乎世卿斯固邦家之光亦閭門之福也春秋時天下之無道也久矣罪人以族官人以世士生其間家首垢面妻子滿獄終窶且貧室人交謫謂之何哉求其肯不掩德然足以容若吾得兩人焉一曰公冶長一曰南容夫長之在聖門家本單寒豈非公族言未坊而行未表刑餘之人為世垢病保毋

有脫幅之虞乎傾何以食貧居賤與子偕隱非獨長之賢也乃其賢妻者理女也彼夫庸流厚福與世浮沈爲名教中罪人者聞子長之風亦可以媿矣雖然可妻者不獨一長也他日夫子曰邦無道富且貴焉恥也邦有道貧且賤焉恥也士即不罪以有罪見棄獨不以無罪見取乎容也非道不言非法不行琴瑟在御莫不靜好豈非關〻然濁世佳公子哉聞之修身者智之符也立名者行之極也士君子持心如玉雖彼南宮氏吾知免夫或以縲紲爲長罪是耶非耶自處子論之乃知士有幸有不幸耳夫歸妹爲女之終未濟爲男之窮天下唯可妻者之難其人也觀夫妻子與兄

予卯知人各有耦聖門擇配其即盛世立賢之法歟不然論竟不論人囹圄非相攸之地閥閱特求繫之媒亦何從而知其可妻哉

沉鬱頓挫古意盎然原評

子謂仲弓　一章　　徐方廣

聖人以物喻而示用舍之正焉。夫騂角之牛，山川之不知其他也，而人又何以有心爲？此謂仲弓之辭。若曰：賢人之生于世，天也；期于生之而已，則無所擇也。既已爲時而生，則不復置也。而今之用人者，不能與天同意，乃有其人既賢，又從而問其世類者矣。獨不有犂牛之子，而騂且角和哉？夫崇國家之物也，即玄牲白牡，不得不舍，則騂弗可舍也。條有司之敎事，至食饗免牛，亦不復用，則騂角不得不用也。乃人之生，固有無可解者，以爲此犂牛之子耳，則欲勿用矣。明知生者之不能累，則生而其心猶有嫌焉；本其所憎，則有餘憎若于同條並

角之中而又有別也明知不用者之無與于用而其意猶有泥焉仍
其前黍則為過黍若于不騂且角之外而更有似也乃山川之神何
知愛惜山川之饗惟知俗物使以騂角之故而謂犂牛亦足以薦歆
可不可也覩以犂牛之故而謂騂角亦因而獲吐可不可也人之所
欲改卜神之所為式憑蓋人固多不化之意而神不然耳人信于目
之所賤而神鑒其質之已殊蓋神惟此不私之情而人則否耳山川
不舍又誰能終舍之乃知用賢舍不肖生而定之矣心本之以齊聖
限之以世俗槩之以裕蠱不天不能使舍之權不在人然帝心之所
妙簡祖宗之所培植社稷之所憑依人亦不能使用之權不在天信

乎思知人者不可以不知天也。雍其爲雍之可用而已。即以父故舍何傷焉。

雖將句用句人眼承詳文特拔桂穿擇吳焦絕人。余讀此文如覽言事於內鈞下廣承使承挽養畢之。終日不能已 余詳

此文之妙，具見目皆已直其久合金佳余聞先生集中。如此篇文以下五十餘篇大為真實滄浪皆之已屢經脫換筆墨之痕全化，披公於拔精髓之至，及造歸深此柳宗之素以物之詩，正余宜先生子昌謂在正布大士之世以爲何如耶